Malte Leyhausen

Jetzt tu ich erstmal nichts – und dann warte ich ab

Malte Leyhausen

Jetzt tu ich erstmal nichts – und dann warte ich ab

Wie es sich mit Aufschieberitis gut leben lässt

KREUZ

www.kreuz-verlag.de

Umschlaggestaltung und Konzeption:
Agentur R.M.E, Eschlbeck/Hanel/Gober
Umschlagmotiv: © plainpicture/Robert Burton
Autorenfoto: © Teddy Billewicz

Satz: de·te·pe, Aalen
Herstellung: CPI Moravia Books, Pohorelice

Gedruckt auf umweltfreundlichem, chlorfrei gebleichtem Papier
Printed in Czech Republic

ISBN 978-3-7831-3439-1

Inhalt

Teil 1
Zum Aufwärmen

Teil 2
Vom Aufschieben zum Anschieben

Das mache ich später …

Als Gott die Welt erschuf, war er am sechsten Tag kaputt.
Und als Krone der Erschöpfung schuf er den Menschen aus dem Schutt.
Da sprach der Herr, es fehlt noch was, die Vernunft hab ich vergessen!
Doch die Vernunft erschaff ich später, ich muss jetzt erst was Essen.

Das mache ich später …

Auf dem letzten Klassentreffen zeigte jeder, was er hat:
Mein Haus. Mein Boot. Mein Auto. Mein Pferd. Mein Riesenrad.
Was macht deine Karriere?, fragten sie mich dann im Chor.
Ach, Karriere, gutes Stichwort, die hab ich auch noch vor.

Das mache ich später …

Meine Frau und ich wollen Kinder, aber nicht sofort.
Babys sind uns viel zu jung und reden noch kein Wort.
Mit 80 werd ich Vater auf meine alten Tage,
das passt dann auch viel besser, weil ich dann selber Windeln trage.

Das mache ich später …

Man soll sein Lebensziel noch möglichst vor dem Tode finden,
doch ich kam noch nicht dazu, meine Ziele zu ergründen.
Und will der Tod mich holen mit seiner kalten Hand, dann sag ich:
Du dein Projekt, das klingt echt wirklich interessant.

Doch das mache ich später …

Teil I
Zum Aufwärmen

Wer eine Sache liebt, der schiebt: Einleitung

Ohne Aufschieberitis hätte ich gar keine Zeit,
ein Buch wie dieses zu lesen.

Ich wollte dieses Buch erst nennen: »Acht Wege, seine Arbeit aufzuschieben.« Ich weiß, was Sie beim Anblick des Titels gedacht hätten: Was, nur *acht* Wege? Ich kenne Hunderte … Oder Sie gehören zu der Fraktion: »Vielleicht habe ich gar kein Talent zum Aufschieben, denn meistens schaffe ich meine Aufgaben irgendwie …«

Auch dann sind Sie hier richtig. Denn Aufschieben kann man lernen. Im ersten Teil verrate ich Ihnen die acht besten Methoden, mit denen Sie Ihre wichtigen Projekte erfolgreich auf Eis legen können. Haben Sie erst einmal den Nutzen der kreativen Arbeitsvermeidung erkannt, werden Sie bald in die Oberliga aufsteigen. Sie werden sehen, wie mit ein wenig Ausdauer Höchstleistungen im Aufschieben möglich sind. Lassen Sie sich von gelegentlichen Rückschlägen, wie versehentlich pünktlich abgelieferten Arbeiten, nicht entmutigen. Schnell beherrschen Sie die einfachen Grundregeln, um Ihren eigenen Stil im Schieben zu entwickeln.

Vielleicht zählen Sie aber schon zu den alten Hasen, die sich bestens mit der langen Bank auskennen. Dann sind Sie soziologisch in guter Gesellschaft. Nach einschlägigen Studien geben ca. 25 % der Bevölkerung an, regelmäßig lästige Dinge auf später zu vertagen. Gegen ihren Willen, wohlgemerkt. Und das gilt für die Bewohner auf allen Erdteilen. Bei den Studierenden sind es sogar rund 70 %.

Was für eine Kaufkraft! Unsere Ersatzhandlungen sind für die Weltwirtschaft von unermesslicher Bedeutung. Was machen wir denn, statt die Steuererklärung auszufüllen? Wir fangen freiwillig an, Fenster zu putzen, im Internet zu surfen und kaufen bei einem einschlägigen Kaffeeröster einen elektrischen Pfefferstreuer (mit Licht!). Wie würde der Konjunkturmotor erst stottern, wenn die Ausgaben unserer Ablenkungsmanöver verloren gingen? Ohne uns würden die Putzmittelproduzenten Pleite gehen, die Internetanbieter Konkurs anmelden und der einschlägige Kaffeeröster könnte nur noch Kaffee verkaufen …

Wäre »Aufschieber« ein Sternzeichen (Aszendent Zeitfuchs), käme ungefähr folgende Charakterisierung heraus: Liebenswerte Menschen, denen Pünktlichkeit und Zuverlässigkeit grundsätzlich wichtig ist. Eine dubiose Eigenschaft verleitet sie jedoch dazu, bestimmte Tätigkeiten, die ihnen unangenehm sind, bis zur Schmerzgrenze aufzuschieben. Verspätete oder unvollständige Leistungen verkaufen sie ihrem Auftraggeber mit viel Charme und rhetorischem Geschick. Viele von ihnen sind Studenten, Selbstständige, Führungskräfte und Vertreter kreativer Berufe.

Tatsächlich können gerade die Kreativen ein Lied von der produktiven Aufschieberei singen. Hier ein paar prominente Beispiele aus dem Dunstkreis der Weltliteratur.

Der Schriftsteller Wolfgang Köppen (*Tauben im Gras*) schrieb nur, wenn er es unbedingt musste. Ungeachtet aller Fristen, gelang es niemandem, ihm ein Manuskript zu entreißen, das er noch als unfertig betrachtete (Reich-Ranicki 2000).

Ottfried Preußler kam am Anfang mit seinem *Krabat* nicht mehr weiter. Aus Verdruss schrieb er den *Räuber Hotzenplotz*. Erst anschließend konnte er den *Krabat* vollenden.

Thomas Mann, dem man wirklich keine Arbeitsstörung nachsagen kann, ließ die erste Hälfte seines Hochstapler-Romans *Felix Krull* fast vier Jahrzehnte liegen, bevor er die zweite Hälfte (des ersten Teils!) hinzufügte. Zum geplanten zweiten Teil kam es nicht mehr. Mit 79 Jahren zeigte der Nobelpreisträger Mut zur Lücke: »Wie, wenn der Roman weit offen stehen bliebe? Es wäre kein Unglück meiner Meinung nach.«

Mancher Dichter machte aus der Not eine Tugend und schrieb über die Unfähigkeit zu schreiben. So zieht sich das Motiv der Arbeitsblockade wie ein roter Faden durch das Werk von Thomas Bernhard. Aus dem Nachlass erschien als erstes *Meine Preise*, ein Strauß von Aufschiebe-Geschichten, die sich um seine Preisverleihungen ranken.

Eine gute Stunde vor der Übergabe des Grillparzer-Preises sucht er einen ihm »von mehreren Sockenkäufen bestens bekannten« Herrenausstatter auf, um sich für den Anlass einen Anzug zu kaufen. Im Wettlauf gegen die Zeit wird die penible Auswahl des feinen Tuchs zur köstlichen Groteske.

Erst eine halbe Stunde vor der Verleihung des Bremer Literaturpreises setzt sich Bernhard auf sein Bett und notiert den ersten Satz für die Dankesrede: »Mit der Kälte nimmt die Klarheit zu.« Ihm bleiben noch 12 Minuten, bis er zum Festakt im voll besetzten Rathaus abgeholt wird. Ihm gelingt es, noch eine halbe Seite zu Papier zu bringen. Es werden die kürzesten Dankesworte in der Geschichte der Bremer Auszeichnung: »Gerade, als sich die Zuhörer auf meine Rede einzustellen begannen, war sie auch schon vorbei gewesen.«

Auch für das Entgegennehmen des Österreichischen Staatspreises legt sich Bernhard nur ein paar Zeilen zurecht. Gerne würde er sie zur Begutachtung noch seiner Tante vorlesen, aber das Taxi wartet schon vor der Tür …

In Bernhards Roman *Beton* kreist die Geschichte um die betoniert scheinende Blockade der Hauptfigur Rudolf, eine »wissenschaftlich einwandfreie Arbeit« über den Komponisten Mendelssohn-Bartholdy zu verfassen. Seit zehn Jahren verpasst er jeden Tag den ersehnten »besten Moment«, um den ersten Satz aufzuschreiben. Es kommt immer was dazwischen. Zuvor trug Rudolf »alle nur möglichen und unmöglichen Schriften von und über Mendelssohn-Bartholdy« zusammen. Erst kann Rudolf nicht schreiben, weil seine verhasste Schwester zu Besuch kommt. Kaum ist sie abgereist, kann er nicht schreiben, weil er Angst hat, dass die Schwester wiederkommt.

Selbst die Flucht aus dem engen Bergidyll Österreichs an die weitläufigen Strände Mallorcas erstickt die Motivation im Keim. Kurz nach der Ankunft erinnert sich Rudolf an ein Unglück, das sich dort vor anderthalb Jahren ereignet hat. Seine Spurensuche macht auch nur den geringsten Gedanken daran, den ersten Satz des geplanten Textes zu beginnen, undenkbar.

Rudolf ist ein Paradebeispiel für den Zusammenhang von Aufschieben und Perfektionismus. Schließlich strebt er eine »einwandfreie« Arbeit an. Sein Verhalten entwickelt eine typische Dynamik. Bevor eine Sache nicht absolut perfekt wird, fangen wir Aufschieber sie gar nicht erst an: Ein Termin steht fest, an dem etwas fertig sein soll. Wir haben noch alle Zeit der Welt, um die Aufgabe perfekt zu machen. Dann rückt der Termin immer näher und näher – und am Ende machen wir es in der letzten Minute, dass wir froh sind, es überhaupt geschafft zu haben. Aber hinterher können wir sagen: »Dafür, dass ich es in so kurzer Zeit geschafft habe, ist es ganz schön perfekt geworden!« Und den Nervenkitzel gibt es frei Haus.

Ein weiteres Merkmal outet Rudolf als Perfektionisten unter den Aufschiebern. Statt sein Vorhaben einfach zu beginnen, stürzt er sich in filigrane Vorarbeiten. Kein Schriftstück, das je über Mendelssohn-Bartholdy verfasst wurde, darf seiner zeitraubenden Recherche entgehen. Ein bewährtes Mittel: So lange ein noch so nebensächliches Detail fehlt, ist es dem Aufschieber unmöglich, anzufangen.

Die vielfältigen Aktivitäten zur Vorbereitung räumen aber mit einem weit verbreiteten Vorurteil auf: Wir Aufschieber seien faul. Ich möchte den Unterschied zwischen einem Aufschieber und einem Faulenzer gerne anhand einer Eselsbrücke klarstellen: Ein Faulenzer tut richtig nichts. Aber ein Aufschieber tut nichts richtig.

Die Technik ist simpel. Wir schließen einfach keinen Arbeitsschritt richtig ab. Vielmehr verstehen wir uns auf die Kunst, mehrgleisig zu fahren. Zur Not vermengen wir die Planung und Durchführung einer Aufgabe in einem einzigen gewaltigen Arbeitsschritt. In einer Zeit, die von uns verlangt, multi-tasking fähig zu sein, nehmen wir tapfer alle Aufgaben gleichzeitig an. Dann lassen wir ganz demokratisch alle Aufgaben gleichsam liegen. Manchmal haben wir mit dieser Strategie sogar Glück. Die Zeit arbeitet für uns und die Dinge erledigen sich durch Aussitzen von selbst. In den meisten Fällen arbeitet die Zeit aber nicht für uns, sondern wir arbeiten für die Zeit.

Erfreulich ist, dass sich mittlerweile ganze Berufsgruppen als Aufschieber zu erkennen geben. Der ISL (Interessenverband Schiebender Lehrer) hat vor kurzem auf einer Pressekonferenz zugegeben, dass unsere Methode längst Schule gemacht hat:

»Okay, wir Lehrer sind auch Aufschieber. Es gibt im Grunde nur noch drei Formen der Didaktik: Die Autodidaktik, die Türklinkendidaktik und die Hammerdidaktik. Bei der Autodidaktik überlegt sich der Lehrer morgens im Auto, was er heute im Unterricht machen will. Bei der Türklinkendidaktik überlegt sich der Lehrer genau in dem Moment, in dem er die Türklinke zum Klassenraum herunter drückt, was er heute im Unterricht wohl machen will. Und bei der Hammerdidaktik stellt sich der Lehrer einfach vor die Klasse und fragt: »Was HAMMER denn die letzte Stunde gemacht?«

Doch nicht nur im Berufsleben machen Sie als Aufschieber Karriere, sondern auch im Privatbereich können Sie wahre Meisterschaft entwickeln. In einer Zeitungsnotiz war jüngst zu lesen: »Zwei Hundertjährige haben sich nach 79 Jahren Ehe scheiden lassen. Als der Richter fragte, warum sie sich denn nach so langer Zeit noch trennen möchten, antworteten sie: Wir wollten warten, bis die Kinder tot sind …«

Doch es geht nicht immer so fröhlich zu. Viele beschleicht beim Thema Aufschieben eine drückende Scham. Man darf doch nicht laut sagen, dass man nachts oft aufwacht, weil einem der Termindruck den Schlaf raubt. Dass man, trotz aller guten Vorsätze, jedes Mal wieder mit dem Rücken zur Wand arbeitet. Dass es Situationen gibt, in denen man nicht mehr weiter weiß …

Sie sind auf jeden Fall mit diesem Phänomen nicht allein. Gäbe es eine Aufschieber-Partei, könnte sie bei der nächsten Bundestagswahl mit jeder Volkspartei mithalten. Jedoch gibt es sehr unterschiedliche Wege, mit seinem Aufschiebe-Talent umzugehen. Ich kenne einen Investment Banker, der das Wort aufschieben gar nicht mehr in den Mund nimmt. Er spricht mit einem amerikanischen Akzent lieber ganz cool von *procrastination.*

Der Begriff Prokrastination ist seit 1588 im Englischen verbrieft. Er bedeutet, seiner lateinischen Wurzel entsprechend: nach *pro* morgen *crastinus* (verschieben).

Marcel Proust verwendet diesen Ausdruck in seinem Epos *Auf der Suche nach der verlorenen Zeit*, um dem »ewigen Wiederaufschieben« des Ich-Erzählers, einem schreibgehemmten Schriftsteller, ein alternatives Etikett zu geben.

Unter dem Ehrentitel Prokrastination ist die Aufschieberitis auch zum Gegenstand der Forschung geworden. In den USA beschäftigen sich Wissenschaftler bereits seit rund 30 Jahren mit der *procrastination.*

Doch zurück auf unsere Spielwiese. Für mich sind Aufschieber die Pokerspieler des Zeitmanagements. Ich möchte mit diesem Buch Ihr Repertoire an Zeit-Pokertricks erweitern, damit das Spiel möglichst oft zu Ihren Gunsten ausgeht. Aufschieben ist dennoch ein Genussmittel. Wie bei anderen Genussmitteln gilt auch hier: In der Dosis liegt das Gift. Ich möchte niemandem den Spaß am Aufschieben verderben. Sollten Ihnen aber im Laufe der Zeit die Risiken und Nebenwirkungen Ihrer Aufschieberitis zu heikel geworden sein, würde ich Sie gerne im zweiten Teil mit einer heilsamen Anschieberitis infizieren …

Test: Habe ich Talent zum Aufschieben?

Bitte kreuzen Sie spontan an, was auf Sie am ehesten zutrifft:

Frage	häufig	manchmal	selten
Ich trenne nicht konsequent zwischen Arbeit und Freizeit.			
Ich arbeite eine Sache nicht am Stück zu Ende, sondern fange zwischendurch etwas Neues an oder arbeite an etwas anderem weiter.			
Ich beginne eine Arbeit recht kurz vor dem Termin, an dem sie fertig sein muss.			
Ich arbeite unter hohem Zeitdruck.			
Mir fehlt die Zeit, die Qualität meiner Arbeit in Ruhe zu überprüfen und zu optimieren.			
Meine Arbeit wird später fertig als ich es anderen zugesagt habe.			
Meine Zeit ist nicht bis ins Detail im Voraus geplant. Ich entscheide eher spontan, was zu tun ist.			
Ich habe für mein Aufschiebeverhalten schon große Nachteile in Kauf nehmen müssen.			

Auswertung:

Wenn Sie mindestens 3-mal »häufig« angekreuzt haben, dann bringen Sie bereits ein großes Talent zum Aufschieben mit.

Andere könnten das nicht: Die Kompetenzen der Aufschieber

Keiner fängt mit dem Aufschieben
so schnell an wie wir.

Als Poker-Champions des Zeitmanagements bringen Aufschieber eine Vielzahl von Kompetenzen mit, bei denen das Fußvolk der vorsichtigen Termin-Planer nur neidisch mit den Ohren schlackert. Hat man zu Ihnen auch schon bewundernd gesagt: »Also, ich könnte das nicht …«

Am besten wird die unglaubliche Leistungsfähigkeit unserer Spezies deutlich, wenn ein paar gewiefte Zeit-Zocker beisammen sitzen und ihre schönsten Heldengeschichten zum Besten geben. Typischerweise beginnen die Abenteuer mit der Wendung: »Also, das ist ja noch gar nichts …«

Also, das ist ja noch gar nichts. In der Lehrerausbildung habe ich noch halb in Heidelberg gewohnt und in Bonn gearbeitet. Einmal fuhr ich montags um 5.00 Uhr los, weil ich um 8.00 Uhr eine Lehrprobe hatte. Mit der Vorbereitung war ich natürlich noch nicht fertig, aber ich hatte ja noch gut zwei Stunden im Auto Zeit. Kurz vor Bonn war mein Tank fast leer. Keine Tankstelle weit und breit. Zum Glück fuhr ich damals so ein Öko-Auto, das man im Notfall auch mit Pflanzenöl betreiben kann. Ich fuhr bei der nächsten Ausfahrt raus und fand zufällig einen Supermarkt, der schon um 7.00 Uhr öffnete. Die Leute auf dem Parkplatz staunten nicht schlecht, als ich nach dem Einkauf ein paar Flaschen »Salatglück« in den Lupo kippte.

Dann mit Vollgas in die Schule. Um 7.45 Uhr stürmte ich an den PC im Lehrerzimmer. Auf der Fahrt war mir ein ganz knackiger Stundenverlauf eingefallen, den man auf die Schnelle schreiben und ausdrucken konnte. Kaum sitze ich am Bild-

schirm, tippt mir mein Ausbilder auf die Schulter: »Ich hoffe, dieses Mal ist alles in Ordnung.«

Mit perfektem Pokerface sagte ich: »Keine Sorge, muss nur noch schnell eine Sicherheitskopie ausdrucken.«

In Wirklichkeit war das Dokument noch gar nicht geschrieben … Aber das Beste war dann die Lehrprobe: Vor versammelter Mannschaft kroch mir ganz langsam eine Socke aus dem linken Hosenbein. Die musste wohl am Abend vorher beim Ausziehen dort stecken geblieben sein …

Also, das ist ja noch gar nichts, unterbricht ihn der Zweite, wegen mir wurde schon einmal eine Boeing 707 auf dem Rollfeld gestoppt. Das war zu einer Zeit, als es auf Deutschlands Flughäfen etwas unbürokratischer zuging. Dabei war ich schon, kurz nachdem der Check-In-Schalter geschlossen hatte, auf dem Flughafen-Gelände. Allerdings im falschen Terminal. Ich sage nur: Frankfurt. Ich nahm die Beine in die Hand und hechtete in die Schwebebahn. Genau der richtige Zeitpunkt, um einen Blick auf meinen Reisepass zu werfen. Abgelaufen. Von der Schwebebahn direkt zum Zoll. Ich schnappte mir den Beamten: »Waren Sie bei den Pfadfindern? Mein Flieger hebt gleich ab. Tun Sie mir einen Gefallen und verrichten Sie Ihre gute Tat heute für einen fleißigen Geschäftsmann, dem die deutsche Wirtschaft schon viel zu verdanken hat …«

Was soll ich euch sagen? Nach kurzem Hin und Her war das mit dem Pass geritzt. Jetzt musste ich nur noch die Mädels von der Airline bezirzen. Ich behauptete einfach, mein Koffer sei schon in der Maschine. Es hätte länger gedauert, das Gepäck wieder auszuladen, als auf der Rollbahn für mich auf die Bremse zu treten …

Kaum im Vogel angekommen, lernte ich einen total interessanten Mann kennen, bei dem ich später ein Entschleunigungs-Seminar gebucht habe. Und was soll ich euch sagen? Auch da war ich der Schnellste …

Also, das ist ja noch gar nichts, überschlägt sich der Dritte, ich ging fast vollkommen unvorbereitet in die mündliche Abiturprüfung »Religion«. In letzter Sekunde lernte ich über Gott und die Welt eine Handvoll Bibelzitate auswendig. Am Ende der Prüfung sagte der Pfarrer bewundernd: »Der Sören kennt die Bibel wirklich aus dem Effeff…«

Vielleicht denken Sie jetzt, ich könnte das nicht. Aber es kann ja noch werden. Aufschieber sind mit der Gabe gesegnet, sich unbedarft in Situationen zu begeben, in die sich andere nur nach gründlicher Vorbereitung trauen. Manche vertragen besonders viel Stress und lieben den Nervenkitzel, der sich schon beim Verschieben der Vorarbeiten einstellt. Das Spiel mit dem Feuer gibt den Kick. Das Risiko wird als schaurig-schön empfunden wie eine Achterbahnfahrt. Meistens kommen sie damit auch irgendwie durch. Und wenn nicht: Für den Spaß haben sich die paar Schrammen allemal gelohnt.

Der Aufschiebe-Experte Hans-Werner Rückert trennt zwischen Kick- und Angst-Aufschiebern. Ich möchte diesen beiden Kategorien noch die Mischform hinzufügen. Den Kick- und Angst-Aufschieber. Beim Prokrastinieren erleben manche sowohl Horror als auch Faszination.

Sollte es wirklich brenzlig werden, beherrscht der Aufschieber die hohe Kunst der Umdeutung. Aus Niederlagen werden Siege. Und aus Stress eine kühn kalkulierte Quelle der Inspiration.

Als ein Pfarrer von einem Radiosender gefragt wurde, mit welcher Strategie er in der arbeitsreichen Weihnachtszeit seine acht Predigten schreiben würde, erklärte der Kirchenmann:

»In dem Begriff Heilige Nacht steckt das Wort Nacht. Ich kann mich nachts am besten konzentrieren. Dann fällt die Hektik des Tages von mir ab. Gerade weil die Predigten erst so zeitnah fertig werden, sind sie besonders aktuell. Wie könnte ich die momentane Stimmung kurz vor dem Gottesdienst sonst so authentisch wiedergeben?«

Woher nimmt der Aufschieber die Nerven? Wie schafft er es bloß, nach außen sein Pokergesicht zu wahren? Das Geheimnis ist ein genialer Taschenspielertrick. Sobald sich die Erledigung der lästigen Pflicht am Horizont abzeichnet, macht sich Unbehagen breit. Im Kopf wird die Parole ausgegeben: Ich habe keine Lust.

Das einzige, was den Aufschieber jetzt noch zum Handeln bewegen könnte, wäre ein Blick auf die drängende Zeit. Aber so weit lässt er es nicht kommen. Um Zeit zu gewinnen, bedient er sich der mentalen Magie. In der Schiebe-Trance sieht er die Aufgabe vor seinem geistigen Auge durch ein Verkleinerungsglas. Der nötige Aufwand erscheint ihm plötzlich ganz winzig. »Das schaffe ich an einem Wochenende«, oder: »Das ziehe ich zur Not in einer Nachtschicht durch …«, sind typische Einschätzungen.

Die verbleibenden Tage und Stunden sieht der Schiebende hingegen durch ein Vergrößerungsglas. Simsalabim, und die Illusion ist perfekt. Der Termindruck verwandelt sich in alle Zeit der Welt und das aufwändige Vorhaben in eine lächerliche Routine.

Hoch pokern die Illusionisten ebenfalls, wenn sie auf den *richtigen Moment* warten, um eine Aufgabe zu beginnen. »Morgen fange ich an. Ich bin jetzt nicht in der richtigen Stimmung. Ich muss vorher noch so viele andere Dinge erledigen …«, beginnt das ungeschriebene Glaubensbekenntnis der Schiebenden.

Aber der Aufschieber fängt morgen nicht an. Vielmehr beherrscht er den Kunstgriff, dafür zu sorgen, dass aus dem Morgen kein Heute wird. Denn morgen gibt es auch ein Morgen. Und so weiter.

Der passende Zeitpunkt, um anzufangen, wird vom Termin-Pokerer wie das beste Blatt im Kartenstapel erwartet. Ob dieses Blatt bereits ausgespielt ist oder noch kommt, ist ungewiss. Für den Fall, dass man mit dieser Hoffnung keine Stiche macht, erwischt man eben nicht den besten Moment, sondern den letzten. Und beim nächsten Mal? Neues Spiel, neues Glück.

Außerdem: Wozu braucht ein Illusionist schon Zeit? Mit dem Rücken zur Wand hat man in der Vergangenheit fast immer etwas aus dem Hut gezaubert.

Aber wie lange wirkt die Illusion? Wie rettet sich der Aufschieber, wenn er die Leistung nicht zum vereinbarten Termin liefern kann? Hier verfügt der Aufschiebe-Profi über faszinierende rhetorische Fähigkeiten, um die Leistungslücken verbal aufzufüllen.

Der Auftraggeber wird bereits bei der Terminabsprache virtuos mit Wortgirlanden umwickelt. Statt »Montag« gibt es nur vage den »Anfang nächster Woche«. Statt dem »15.07.« gibt es die dehnbare »Mitte Juni /Julei«. Und statt »bis September« macht man es pünktlich »bis Herbst.«

Auch bei der Präsentation der Ergebnisse darf man sich auf sprachliche Delikatessen freuen. Der übernächtigte Lieferant arbeitet »just in time« und liefert statt fertiger Ergebnisse überraschende »Diskussionsgrundlagen«. Er trumpft »absichtlich mit Platzhaltern« auf, um möglichst flexibel auf Anregungen und Wünsche reagieren zu können.

Der sprachliche Geheimcode der Aufschieber dient gleichzeitig den Gleichgesinnten als Erkennungszeichen. Die Schieber haben sehr feine Antennen dafür, wer zur Community gehört und wer nicht. Wenn sich herausstellt, dass der Auftraggeber aus dem »gleichen Verein« ist, darf er das nächste Mal noch länger warten …

Kommen wir nun zur Königsdisziplin der Aufschieber. Der Chaos-Produktion. Sie beherrschen das Chaos nicht nur meisterhaft, sondern sie stellen es sogar noch selber her. Wo hat denn das Chaos heute noch so eine Qualität? Mit so viel

Liebe zum Detail? Mit so einer Haltbarkeit? Man könnte glatt sagen, das Premium-Chaos der Schiebe-Profis hat Regierungs-Niveau.

Aber was ist das Erfolgsrezept? Ein gutes Chaos will von langer Hand geplant sein. Man muss schon darauf achten, jede Form von ernst zu nehmender Selbstorganisation zu vermeiden. Das fängt mit dem zuverlässigen Zuspätkommen an, geht über die gut eingeführte Unordnung und hört mit der schlechten Vorbereitung für Meetings auf.

Der Aufschieber kontert seinen Ruf als Chaot und unsicherem Patron, indem er seinen Lebensstil zum Gesamtkunstwerk erhebt. Das reduziert zwar nicht die Reibungspunkte mit Freunden, Verwandten und Kollegen. Es erlaubt ihm aber, von seiner Wolke aus mit dem Finger auf die Schwächen anderer zu zeigen.

Schärfen wir also die Kompetenzen der liebenswerten Zeit-Gauner zu einem Profil.

Aufschieber sind:

- **Intelligente Strategen**, die das Unmögliche in origineller Form möglich machen.
- **Multi-tasking-fähig**: Sie können mehrere Aufträge gleichzeitig annehmen, denn Zeit spielt für sie auf den ersten Blick keine Rolle.
- **Stress resistent**: Während bei anderen die Nerven schon blank liegen würden, ist der Zeitdruck für den Aufschieber die Chili-Schote in der Suppe.
- **Kreative Genies**: Sie schütteln mit leichter Hand Ideen aus dem Ärmel, wenn es darum geht, etwas anderes zu tun als ihr Projekt zu beginnen.
- **Offen für alles**: Kein Impuls aus der Umwelt ist zu schwach, um die eigentliche Aufgabe zu unterbrechen und sich ausgiebig abzulenken.
- **Spontan**: Der Aufschieber lässt sich nicht in das enge Kor-

sett einer Zeitplanung zwängen. Ihm gelingt es, sich seine Spontaneität zu bewahren.

- **Charmant**: Keiner umwickelt seine wartenden oder enttäuschten Auftraggeber so galant mit Wortgirlanden.
- **Leidensfähig**: Der Aufschieber ist sich nicht zu schade, ohne Rücksicht auf seine körperliche und geistige Belastbarkeit, Nächte durchzuarbeiten. Da die Resultate in der Regel unter seinen Möglichkeiten bleiben müssen, wird er von seinen Mitmenschen chronisch unterschätzt. Mehr noch: Er muss häufig empfindliche Nachteile für die Aufschieberitis in Kauf nehmen. Hier stellt der Schiebende seine enorme Leidensfähigkeit unter Beweis.
- **Meister der Umdeutung**: Um das Gesicht zu wahren, beherrschen es Aufschieber meisterlich, die Ursachen ihrer Situation umzudeuten und nach außen zu schieben: Es liegt nicht am Selbstmanagement, sondern am ungerechten Management der Welt. Nicht der Arbeitsstil ist suboptimal, sondern die Aufgabe. Nicht der Aufschieber ist seines Glückes Schmied, sondern die andern.

Das wird knapp, doch das schaff ich schon …

Ich hab noch 30 Minuten,
bis mein Flugzeug geht.
Ich muss mich etwas sputen,
ich hab vergessen, wo mein Auto steht.

Gerade noch zu meiner Mutter,
die wohnt eigentlich nicht weit.
Der muss ich Schlüssel bringen
für die Urlaubszeit.

Warum auch nicht, schließlich bin ich ihr Sohn,
das wird knapp, doch das schaff ich schon …

Ich hab noch 20 Minuten,
schnell den Koffer kaufen,
dann muss ich noch packen
und mein Pass ist abgelaufen.

Gerade noch aufs Rathaus,
die machen eh gleich dicht.
Und in den Fotoautomaten,
der will mein Kleingeld nicht.

Von langer Hand geplant, und das ist der Lohn.
Das wird knapp, doch das schaff ich schon …

Ich hab noch 10 Minuten,
schnell zu Neckermann
und die Tickets holen.
Warum springt mein Auto nicht an?

Der Verkehr wird umgeleitet,
weil ein Tanklaster brennt,
und wir nehmen einen Schleichweg,
den nur der Taxifahrer kennt.

Und am Horizont hebt mein Flugzeug ab …
Ich hab's geschafft. Also beinah … Ganz knapp …

Schlange stehen am Baum der Erkenntnis: Die Ursachen des Aufschiebens

Die häufigste Krankheit ist die Diagnose.
Karl Kraus

Was war zuerst da? Die Aufgaben oder die Aufschieberitis? Ich glaube, das Aufschieben hat schon bei Adam und Eva angefangen. Als Adam im Paradies Eva fragte: »Warum schiebst du es auf, Äpfel zu kaufen?«, antwortete Eva: »Am Baum ist immer so eine lange Schlange.«

Welchen Nutzen konnte die Menschheit seit der Vertreibung aus dem Paradies aus dem Aufschieben ziehen? Der Nutzen ist dreifach. Wenn ich eine Sache verschiebe, vermeide ich

1. die Bewertung des Ergebnisses von anderen,
2. meine eigene Bewertung des Ergebnisses und
3. die schlechten Gefühle, während ich die Aufgabe erledige.

Deshalb ist Aufschieben ein hervorragender Selbstschutz. Nur auf diese Weise bleiben wir in unserer Komfortzone. Schon der Gedanke, sich auf unliebsames Terrain zu begeben, lässt uns zögern. Von Natur aus ein gesundes Frühwarnsystem, das uns vor Gefahren schützt. Wir halten uns instinktiv fern von eisglatten Straßen, offenem Feuer und dem Versuch, das Preissystem der Deutschen Bahn zu verstehen.

Der Preis, das Aufschiebeverhalten zu ändern, ist hoch. Die kostspieligen Reisetickets sind Ausdauer, Selbstdisziplin und Mut. Kurz: Wozu sollen wir unseren alt bewährten Fahrplan umschmeißen, nur um am Ende der Reise eine schlechte Kritik ins Stammbuch geschrieben zu bekommen? Die Deutsche Bahn kann sich doch auch anstrengen wie verrückt, am Ende wird die breite Masse keinen positiven Zug an ihr finden.

Als Ursachen des Aufschiebens werden in der Literatur häufig genannt:

- Perfektionismus
- Angst vor Misserfolg
- Angst vor Erfolg

Perfektionismus
Perfektionisten versuchen, jede Kritik an ihren Leistungen im Keim zu ersticken, indem sie sich nur perfekte Ergebnisse erlauben. In der Praxis laufen Perfektionisten Gefahr, das Kind mit dem Bade auszuschütten. Ein Bildhauer erzählte mir ein Erlebnis mit einer Seminarteilnehmerin, das für mich zum Sinnbild für Perfektionismus geworden ist. Sie bearbeitete den mächtigen Steinquader so lange mit dem Meißel, bis nichts mehr von ihm übrig blieb ... Das Bessere ist der Feind des Guten. An diese Stelle passt auch, dass Albert Einstein bis an sein Lebensende darüber betrübt war, so ein schlechter Geigenspieler zu sein. Der Nobelpreisträger scheint das Instrument allerdings wirklich nur mäßig bedient zu haben. Als er seinem Freund, dem Komponisten Arnold Schönberg, eine Kostprobe seiner Geigenkünste gab, suchte dieser nach diplomatischen Worten, um Einstein nicht zu nahe zu treten. Er wählte die Rückmeldung: »Es war *relativ* gut ...«

Mit dem Aufschieben vermeidet der Perfektionist das unangenehme Gefühl, dass seine Arbeit später Angriffspunkte liefern könnte.

Aus dem gleichen Grund verfallen Workaholics in das andere Extrem. Die Angst, nicht perfekt zu sein, treibt Arbeitsbesessene dazu, ihre Aufgaben besonders früh in Angriff zu nehmen. Dabei gehen sie allerdings sehr kleinschrittig vor, wodurch sich das Arbeitstempo stark verlangsamt. Am Ende können sie unter den gleichen Zeitdruck geraten wie die seelisch verwandten Aufschieber: Der erste Teil ihrer Leistung ist zwar »perfekt«, der restliche Teil fehlt allerdings vollständig.

Und was ist die Ursache der Ursache? Wie entsteht Perfektionismus?

Aus Sicht der Lerntheorie ist Perfektionismus ein erlerntes Verhalten, das den Betroffenen schon in der Kindheit vor negativen Konsequenzen schützte. Wenn man als Kind die Zuwendung der Eltern (nicht) erhielt, weil das Benehmen (nicht) »perfekt« war, wurde der Perfektionismus als überlebenswichtiges Verhalten konditioniert. Nach allgemeiner Forschungsmeinung (Flett 2002) setzen die Eltern dem Kind hier hohe Standards und lassen es an Akzeptanz und Wärme fehlen. Im günstigeren Fall zeigt sich der Perfektionismus im späteren Leben durch eine gesteigerte Form von Selbstorganisation und im Streben nach hohen Standards. Im ungünstigeren Fall spiegeln sich die Kindheitserfahrungen in

- einer überzogenen Sensibilität für Fehler
- in großen Zweifeln an den eigenen Leistungen und
- in einer starken Orientierung an den perfektionistischen Erwartungen von anderen (Eltern, Partner, Chef usw.).

Angst vor Misserfolg

Um die Angst vor Misserfolg verspüren zu können, muss man kein Perfektionist sein. Auch die weniger Ehrgeizigen kennen das lähmende Gefühl, ein Scheitern zu riskieren. Dabei fällt es uns oft schwer, den Sinn der Angst zu verstehen. Die Natur hat uns ursprünglich mit Angst ausgestattet, damit wir nicht auf heiße Herdplatten fassen und von Brücken fallen oder versehentlich auf einem Hansi-Hinterseer-Konzert landen. Einen Großteil der Angst brauchen wir also zum Überleben. Der kleinere und manchmal überflüssig scheinende Teil macht aus Mücken Elefanten. Und aus Elefanten Dinosaurier.

Ein bewährtes Mittel, um Angst herzustellen, ist Unwissenheit. Je weniger wir über die konkreten Erwartungen, die an uns gestellt werden, wissen, desto besser gedeiht die Angst. Obwohl es meist die Möglichkeit gibt, nach den genauen Anforderungen zu fragen, traut sich ein Aufschieber das nicht. Wo die Angst vor Fragen hinführen kann, illustriert folgende Geschichte.

Im Wald geht das Gerücht um, dass der Bär für seinen Speiseplan eine Todesliste angelegt hätte. Alle Tiere sind ganz aufgeregt und fragen sich, wer wohl auf der mörderischen Liste steht. Der Hirsch nimmt all seinen Mut zusammen und geht zum Bären: »Entschuldige die Störung. Kurze Frage: Stehe ich auch auf deiner Liste?«

»Ja«, sagt der Bär, »du stehst auch auf meiner Liste.«

Den Hirsch packt die Panik und er läuft so schnell er kann weg. Wie es schien, zu recht. Nach zwei Tagen wird der Hirsch tot aufgefunden.

Die Gerüchteküche im Wald brodelt. Als nächstes hält es das Wildschwein nicht mehr aus und wagt sich zum Bären: »Sorry, wie war das mit der Liste? Bin ich etwa auch da verzeichnet?«

»Ja, auch du stehst auf meiner Liste«, antwortet der Bär. Verschreckt sucht das Wildschwein das Weite. Auch den Keiler findet man nach zwei Tagen tot auf.

Nun bricht Panik bei den Waldbewohnern aus. Nur der Hase traut sich noch zum Bären. »Hey Bär, steh ich auch auf deiner Liste?«

»Ja, auch du stehst auf meiner Liste!«

»Kannst du mich da streichen?«

»Ja klar, kein Problem!«

Die Scheu, nach den konkreten Erwartungen des Auftraggebers zu fragen, ist der beste Nährboden für die Angst vor Misserfolg. Für eine schlechte Leistung erntet man in der Regel Kritik, wenn nicht gar Ablehnung. Die Herausforderung ist, die Bewertung der Sache nicht als Bewertung der eigenen Person zu empfinden. Dies erfordert ein stabiles Selbstwertgefühl.

Die Erfolge und das damit verbundene Selbstwertgefühl können gesteigert werden, indem man trainiert, seine Fähigkeiten realistisch einzuschätzen. Auf diese Weise lernt man, eine Aufgabe mit dem gebotenen Aufwand anzugehen. Zudem ist es hilfreich, seine Selbstmanagement-Kompetenzen auszubauen. Hierzu stehen zahlreiche Methoden bereit, die zum Teil auch in diesem Buch vorgestellt werden.

Angst vor Erfolg

Haben Sie bei diesem Punkt auch gestutzt? Was könnte der Nachteil von Erfolg sein? Es gibt das Phänomen, dass man ziemlich konfus werden kann, wenn der Erfolg zum Greifen nah ist. Als würde die nächste Sprosse auf der Erfolgsleiter in zu riskante Höhen führen. Mit dem Erfolg wächst auch der Erwartungsdruck, der auf uns lastet. Jede Stufe der persönlichen Entwicklung bringt größere Herausforderungen mit sich.

Hier ein Beispiel für die zerstörerische Kraft der Erfolgsangst aus der Praxis:

Peter ist seit acht Jahren fester Freier in einer Werbeagentur. Er wird das Gefühl nicht los, dass der Chef ihn seine finanzielle Abhängigkeit subtil spüren lässt. Bei Konflikten zieht der Hauptauftraggeber schon mal die Machtkarte. Deshalb streckt Peter seine Fühler nach neuen Kunden aus, um beruflich unabhängig zu werden. Auf Empfehlung hat er einen Termin bei einer größeren Werbeagentur bekommen, die von seinen eingesandten Textproben begeistert ist. Bei strahlendem Sonnenschein fährt Peter pünktlich los. Er sieht die Ampel auf Gelb springen und gibt noch einmal richtig Gas, um vor Rot über die Kreuzung zu kommen. Er übersieht dabei, dass vor ihm ein schneeweißer Mercedes im gleißenden Sonnenlicht bereits vor der Ampel gehalten hat. Peter drückt viel zu spät das Bremspedal durch. Mit einem lauten Knall fährt er auf den stehenden Wagen auf. Totalschaden.

Peter entschuldigt sich bei dem geschädigten Fahrer, einem älteren Herrn, und ruft die Polizei.

Als die Beamten eintreffen, stellt sich der vollkommen unschuldige Unfallgegner den Schupos vor und fragt höflich: »Wie viel Geld bin ich Ihnen schuldig?«

Wie die Geschichte zeigt, scheint die Angst vor Erfolg den Chaos-Motor richtig auf Touren zu bringen. Es fängt mit der inneren Unruhe an und endet mit der Verkettung von Pleiten, Pech und Pannen. Natürlich kam Peter durch das Intermezzo zu spät zu seinem Vorstellungsgespräch. Nachdem er seine Entschuldigung vorgebracht hatte, begrüßte ihn der Werbechef überschwänglich mit den Worten: »Träumen Sie? Oder wollen Sie hier arbeiten?«

Peter antwortete: »Beides …«

Mit der bewussten oder unbewussten Inszenierung des Unfalls setzte Peter seinen Freiheitsschlag, beruflich unabhängig zu werden, aufs Spiel. Seine nächste Erfolgsstufe wäre mit einer neuen Rolle verbunden: Die Abnabelung von den Eltern. Der Aufstieg in der Firma. Die finanzielle Unabhängigkeit. Und so weiter.

Wer neue Freiheiten gewinnt, verliert die alten Sicherheiten. Die Frage, ob der Preis der Veränderung zu hoch ist, macht Peter Angst. Die Auseinandersetzung mit der neuen Rolle, die wir bei Erfolg einnehmen würden, hilft uns, die Angst vor dem Gelingen abzubauen. Erfolg zu haben kostet den Mut, sich an höheren Maßstäben messen zu lassen. Aber man kann sich an alles gewöhnen. Selbst an Erfolg …

Bei den genannten Ursachen (es gibt natürlich noch viele Ableger im Theoriegarten) dient das Aufschieben zur Vermeidung von Selbst- und Fremdbewertungen. Aber wo kommt die Angst vor diesen Bewertungen her? Warum gibt es Tätigkeiten, bei denen ich mich schlechter fühle, während mir andere Dinge leicht von der Hand gehen und sogar Spaß machen?

Je nach dem, auf welchem Theoriestandpunkt die Psychologie ihr Gedankengebäude errichtet hat, bekommen wir verschiedene Antworten.

Auf dem Feld der Verhaltensforschung fiel die Annahme auf fruchtbaren Boden, dass jedes menschliche Verhalten »mit Zuckerbrot und Peitsche« erlernt (konditioniert) wurde. Wer jemals einen Hund erzogen hat, kennt das zu Grunde liegende Prinzip. Gewünschte Verhaltensweisen werden durch Belohnungen verstärkt. Für jedes artige Sitz und Platz gibt es aus Frauchens Wundertüte ein Leckerchen. Unerwünschtes Benehmen wird dem Zögling mit empfindlichen Sanktionen abgewöhnt. Da fliegt schon mal ein Schlüsselbund, wenn der Rottweiler den Rollbraten vernascht. Schon bald wird der Vierbeiner wissen, welches Verhalten sich lohnt und welche Tirade für den gesunden Hundeverstand zu gefährlich ist. Den Erfolg dieser Erziehungsmethode nennt man Konditionierung.

Auf unser Thema gemünzt: Soweit jemand mit seinem Aufschiebeverhalten gut durchs Leben gekommen ist, wurde er für seine »schlechten Gewohnheiten« belohnt. Die großen Katastrophen blieben aus. Zumindest wogen die Konsequenzen nicht schwer genug, um das eingeschliffene Handlungsmuster aufzugeben. Vielmehr überwogen die Vorteile: Der Kick der letzten Minute, der Weg des geringsten Widerstands, die sonnigen Stunden am Baggersee, während andere büffelten. In diesem Fall lohnt es sich, eine Kosten-Nutzen-Rechnung zu machen. Vielleicht zählt mein Aufschiebetalent zu meinen Schlüssel-Kompetenzen, die mir unterm Strich ein lebenswertes Leben ermöglichen.

Vielleicht drohten in der Kindheit die Eltern aber auch gleich mit Liebesentzug, wenn der gelernte Aufschieber zu viel Eigeninitiative zeigte. Dann wäre der Fluchtinstinkt, bestimmte Herausforderungen möglichst lange zu umgehen, auf die Angst vor »fliegenden Schlüsseln« zurückzuführen.

Das Tückische an der Konditionierung ist, dass man die Angst vor unangenehmen Konsequenzen auch noch spüren kann, wenn man sich längst aus der Fluglinie der elterlichen Wurfgeschosse entfernt hat. Dann schützt man sich mit Aufschieberitis womöglich vor einem Phantom. Die Strategie, die in Kindertagen überlebenswichtig war, wurde über die Zeit zum Spiegelgefecht. Die vielleicht befürchtete zynische Bemerkung des Vaters und der oft erlittene, vernichtende Kommentar der Mutter haben für manche selbst nach Jahrzehnten nichts von ihrer lähmenden Kraft verloren.

Die gute Nachricht der Verhaltenstherapeuten: Erlerntes Verhalten lässt sich auch wieder verlernen bzw. umlernen. Die bremsenden Phrasen der Eltern, die man sich oft als Glaubenssätze einverleibt hat, können durch Gegenkonditionierungen und andere Techniken in einen wertschätzenden Umgang mit sich selbst umgemünzt werden. Die Ängste entpuppen sich in der Therapie im Idealfall als Kopfgeburten. Die Spurensuche führt zu den Maßstäben und Bewertungen, die als Leitplanken unser Denken, Fühlen und Handeln bestimmen. Themen der Therapie können sein:

- Wer hat diese Leitplanken aufgestellt?
- Sind es unsere eigenen oder vielmehr die wohlmeinenden Begrenzungen anderer?
- Nach welchen Kriterien will ich leben?
- Welche Tagesdosis an Fehlern gönne ich mir?

Wenn man schon selbst sein schärfster Richter ist, dann lohnt es sich, die Gesetze zu entschärfen. Eine geglückte Therapie stärkt das Selbstwertgefühl, wodurch man unabhängiger von der Meinung anderer wird. An die Stelle von Katastrophen- treten Erfolgs-Szenarien. So wird ein Anreiz geschaffen, seine Projekte in Angriff zu nehmen und durchzuhalten.

Aus Sicht der Psychoanalyse bewirken die frühkindlichen Konflikte – im seelischen Bermuda-Dreieck von Vater, Mutter und Kind – weit mehr als eindimensionale Konditionierungen. Doch gehen wir einen Schritt zurück. Die Vorstellung Sigmund Freuds von der menschlichen Seele wird gern mit einem Haus verglichen. Unterm Dach wohnt das Über-Ich und sagt uns von oben herab, nach welchen Normen wir zu leben haben, damit unserem Gewissen nicht schlecht wird. Im Keller randaliert unterdessen das so genannte Es. Der Teil von uns, der nach dem größtmöglichen Lustgewinn strebt. In der undankbaren Sandwich-Position versuchen wir vom Erdgeschoss aus, mit unserem Ich den Hausfrieden zwischen den verfeindeten Parteien Über-Ich und Es zu managen.

Wenden wir dieses Modell auf das Aufschieben an. Die Entscheidung aus dem Parterre ist plausibel. Das Ich muss sich zwischen zwei Fehlern entscheiden. Geht das Ich ein anspruchsvolles Projekt ernsthaft an, so rebelliert das Es wie ein trotziges Kind, weil der Lustgewinn ins Minus rutscht. Dem Es nachzugeben und das Vorhaben auf halber Flamme zu kochen, ist mitunter auch keine praktikable Lösung. Denn dann kommen die Störfeuer aus dem Dachgeschoss. Das Über-Ich schwingt im Oberstübchen den Handfeger und fordert vollen Einsatz. Als würde bei einem Misserfolg der ganze Selbstwert flöten gehen.

Das Ich löst dieses Dilemma durch (vorübergehend) erholsames Aufschieben. Und schafft auf allen Seiten eine Verlierer-Situation. Das Über-Ich darf keine weiteren Orden sammeln. Das Es darf nicht mal auf eine After-Work-Party hoffen, denn es gibt kein Work. Und das Ich hat sich wieder einmal resignierend bestätigt, dass es nicht Herr im eigenen Hause ist.

Kommen wir zurück zu den frühkindlichen Konflikten. Werden diese nicht – spätestens in einer mehrjährigen Psychoanalyse – gelöst, ist das Ich geschwächt. Schließlich steht es fortwährend in der Schusslinie zwischen Kopf und Bauch.

Die Spielverderber unter den Ursachenforschern für das Aufschieben sind die systemischen Konstruktivisten. Auch Systemiker genannt. Während die Verhaltensforschung und die Psychoanalyse von einer Menge gesicherter Grundannahmen über den Menschen und die Welt ausgehen, sägen die Systemiker an dem Ast, auf dem wir alle sitzen. Sie berauben uns unserer Idee von Wirklichkeit. Und damit berauben sie uns unserer Idee von uns selbst. Die Wirklichkeit wird hier ausschließlich *zwischen* den Menschen konstruiert. In Form von Kommunikation. Zur Konstruktion von Wirklichkeit zählen auch die Dialoge, die man laut oder leise mit sich selbst führt. Realität ist nichts anderes als eine flexible Absprache von Menschen über Realität. So wie es eine flexible Absprache ist, dass eine bestimmte Sorte bedrucktes Papier einen hochwertigen Geldschein simuliert.

Diese Auffassung hat für unser Denken und Handeln erdrutschartige Konsequenzen. Mein Ich besteht demnach einzig und allein aus den verinnerlichten Erzählungen über mein Ich. Max Frisch brachte es auf die Formel: »Jeder Mensch erfindet sich früher oder später eine Geschichte, die er, oft unter gewaltigen Opfern, für sein Leben hält.«

Aber welche Konsequenzen hat die konstruktivistische Weltsicht für die Reflexion des eigenen Aufschiebeverhaltens? Wenn alle bisher angenommenen Ursachen meines Aufschiebens nur durch subjektive Erzählungen konstruiert wurden, was zwingt mich dann noch, etwas gegen meinen Willen zu vertagen? Warum habe ich dennoch dieses Problem?

Eine typische Gegenfrage der systemischen Psychotherapie lautet: Was kann ich tun (oder lassen), um das Problem herzustellen? Die Erwartung, vom Systemischen Therapeuten eine Erklärung für sein Aufschieben zu bekommen und die passenden Handlungsanweisungen zu erhalten, wird konstruktiv enttäuscht. Vielmehr muss man mit Fragen rechnen, wie sich das Aufschieben denn noch verstärken ließe. Oder was würde man tun, wenn heute schon gewiss wäre, dass dieses Problem niemals zu lösen sei?

Ziel ist es, sich nicht mehr als Opfer des Problems zu begreifen, sondern in die Rolle des Handelnden zu geraten. Auch hier spielen die oft überzogenen und deshalb quälenden Ansprüche an sich selbst eine Rolle. Der Psychiater, Psychologe und systemische Therapeut Arnold Retzer erzählt in seinen Ausbildungsgruppen bei Gelegenheit ungefähr folgende Geschichte:

Stellen Sie sich eine Heizung vor, die eine Leistung von 20° C abliefert. Jetzt ist aber der Anspruch, dass diese Heizung 40° C Temperatur spenden soll. Das Heizsystem wird voll aufgedreht, der Heizkessel wird auf höchste Touren gebracht und man versucht, alles an Leistung raus zu holen, um die vorgegebenen 40° C zu erreichen. Jetzt muss man aber damit rechnen, dass die Heizung, aufgrund der massiven Anstrengungen, kaputt geht.

Wie sieht es bei Ihnen aus? Möchten Sie das Risiko eingehen, an Ihren Anstrengungen (oder am zermürbenden Aufschieben) kaputt zu gehen, oder könnte es für Sie sinnvoll sein, Ihren Anspruch an sich selbst auf ein realistisches Maß herunter zu schrauben?

Acht Wege, um besser aufzuschieben

Denke nicht darüber nach, was Zeit überhaupt ist

Decarpe diem – Zerpflücke den Tag!

Das Schöne an der Zeit ist, dass wir uns nicht mit ihr beschäftigen müssen, weil sie von alleine vergeht. Ob wir nun darauf warten, dass die Stunden verfliegen, oder nicht, das Ergebnis ist dasselbe.

Der Mensch hat noch nicht einmal ein Wahrnehmungsorgan für die Zeit. Wenn Sie mir jetzt Ihre Innere Uhr entgegen halten, dazu nur so viel. Wer je versucht hat, mit der Inneren Uhr einen Kuchen zu backen, der hat sich erst schwarz geärgert und dann verkrümelt.

Auf meinen Uni-Seminaren bekomme ich von den Studierenden oft die Antwort: »Es ist gar nicht möglich, die Zeit zu planen, denn es kommt sowieso immer anders.« Wozu soll man zudem etwas organisieren, von dem niemand weiß, was es genau ist? Wenn wir bei Google das Wort »Zeit« eingeben, erhalten wir über 11 Millionen Einträge. Gut, wenn Sie die alle gelesen haben, dann wissen Sie, was Zeit ist …

Und die Definitionen, die man dort findet, können sich auch nicht einigen. Die einen sagen: »Die Zeit läuft uns davon, damit wir sie nicht totschlagen können.«

Die anderen sagen: »Spare in der Not, dann hast du Zeit dazu.« (Das könnte auch von unserem Finanzminister stammen.)

Ein weit verbreiteter Irrtum ist auch die billige Formel: Zeit ist Geld. Wenn Zeit wirklich Geld wäre, würden wir nicht so verschwenderisch damit umgehen. Es wird uns zwar ständig Zeit gestohlen, als wäre sie eine Banknote, aber auf die hohe Kante legen können wir die Zeit nicht. Es müsste eher heißen »Zeit ist Gold«. Denn Zeit lässt sich genau so wenig vermehren wie das seltene Edelmetall. Wer jeden Tag eine Stunde Zeit spart, hat nach einer Woche nicht sieben Stunden mehr.

Bei den Philosophen gibt es so viele Meinungen über die Zeit wie Bahnhofsuhren. Augustinus enthüllt, die Zeit ist nur eine Momentaufnahme: Die Vergangenheit gibt es nicht, denn sie ist schon vorbei. Die Zukunft gibt es nicht, denn sie kommt erst noch. Deshalb gibt es nur das Hier und Jetzt.

Und jetzt kommen wir Aufschieber ins Spiel: Denn wir sind die einzigen, die die aufgeschobene Arbeit aus der Vergangenheit ins Hier und Jetzt retten und sie sogar noch mit in die Zukunft nehmen.

Buddha hat das schon viel früher erkannt. Als er merkte, dass man seine vielen Aufgaben in einem Leben gar nicht schaffen kann, hat er das Spielfeld einfach erweitert: Was ich in diesem Leben nicht erledige, verschiebe ich auf das nächste.

In der Physik brachte Albert Einstein die vorherrschende Vorstellung von Zeit aus dem Takt. Wenn wir uns eines Tages schneller als das Licht durch den Raum bewegen könnten, wäre eine wichtige Voraussetzung für den Bau einer Zeitmaschine geschaffen. Wir würden endlich in die Vergangenheit reisen, um zum Beispiel William Shakespeare zu fragen, ob alle ihm zugeschriebenen Werke denn tatsächlich auch von ihm seien. Den Ausgang dieses Experiments darf ich Ihnen heute schon verraten.

Wir würden Shakespeare als klassischen Aufschieber outen, der noch keine Silbe zu Papier gebracht hat. Dankbar würde er sich seine vermeintlichen Werke zeigen lassen und ausrufen: »Hurra! Ich habe diese Texte zwar noch nie gesehen, aber sie sind so gut! Ich schreibe sie gerade mal ab!«

So hätten wir zumindest im Nachhinein dafür gesorgt, dass Shakespeare seine Werke mindestens abgeschrieben hat.

Zeitlose Ratlosigkeit über die Zeit, bis der Arzt kommt. Die »Zeitmediziner« beschäftigen sich damit, zu welcher Tageszeit der Mensch am besten funktioniert. Die haben beispielsweise herausgefunden, dass man morgens um Acht das schönste Liebesleben hat. (Wenn ich von Ihnen keine E-Mail bekomme, gehe ich davon aus, dass Sie dies bestätigen können.) Vormittags ist man am fittesten für Prüfungen und nachmittags um Drei ist der Mensch am Schmerz freisten. Deshalb hat man nachmittags um Drei entweder einen Zahnarztbesuch oder ein Gespräch mit dem Chef …

Was lernen wir aus diesen Erklärungsversuchen? Die Vorstellung von der Zeit ist ein Selbstbetrug. Ob philosophisch, physikalisch oder medizinisch. Diesen Selbstbetrug demonstrieren besonders Leute, die ihre Uhr absichtlich 10 Minuten vorstellen, damit sie pünktlich sind. Wenn Sie solche Menschen nach der Uhrzeit fragen, bekommen Sie keine Auskunft, sondern eine Textaufgabe:

»Also meine Armbanduhr geht 10 Minuten vor, dafür geht meine Uhr im Wohnmobil 10 Minuten nach, und wenn ich das dann mit meiner Uhr auf dem Schreibtisch subtrahiere, dann stimmt es wieder.«

Wissen Sie, was ich zu solchen Leuten sage? »Meine Uhr geht exakt 24 Stunden vor, da weiß ich nicht nur genau wie spät es ist, sondern habe sogar noch einen ganzen Tag gewonnen!«

Wenn sich die Wissenschaft schon nicht auf einen Zeitbegriff einigen kann, so gibt es zumindest Grundeigenschaften, die der Zeit mit der Zeit zugeschrieben wurden. Schon seit der Antike wird die Zeit an den Bewegungen in der Natur gemessen. Am Lauf der Sonne, am Wandern der Gestirne und am wilden Aufspringen beim Empfang der Heizkostenrechnung. Wenn sich nichts mehr bewegt, dann bleibt die Zeit stehen. Welche Hoffnung könnte der Aufschieber mit diesem Zusammenhang verbinden? Schon Goethes Faust sehnte sich danach, die Zeit anhalten zu können. Erst der Pakt mit dem Teufel verheißt ihm, die Zeit sogar zurückzudrehen.

Der Aufschieber beherrscht die Kunst, durch seine Bewegungslosigkeit zumindest seine eigene Zeit anzuhalten. Indem er seine geplante Aktivität auf Eis legt, begibt sich sein Projekt in den Zustand der Zeitlosigkeit. Der Haken an der Sache ist, dass die Zeit für alle anderen wie gewohnt weiter läuft. So schafft sich der Aufschieber ein Parallel-Universum, das in einer anderen Geschwindigkeit tickt als der verlassene Heimatplanet. Die Konflikte sind vorprogrammiert:

Harry ist freier Grafiker und genießt fachlich einen guten Ruf. Seinem wichtigsten Kunden hat er vor Monaten zugesagt, bis zum 31. März eine Anzeigenkampagne zu gestalten. Der Kalender zählt den 30.03. Bis heute liegt der Auftrag jungfräulich da. Der Kunde ruft an und fragt, ob mit der Abgabe morgen alles klar geht. Selbstverständlich. Sagt Harry. Während in der Zeitrechnung des Anrufers Harry schon Monate lang an den Entwürfen feilt, steht Harrys Zeitmessung noch auf null. Am Morgen des 31. März, ungefähr um die Zeit, als der Kunde die Entwürfe erwartet, nimmt sich Harry die Anzeigenkampagne zum ersten Mal vor. Das Telefon wird aus der Wand gezogen, das Handy abgeschaltet, die E-Mails werden nicht mehr abgeholt. Harry koppelt sich von Zeit und Raum ab. Die Umwelt kann toben und versuchen, ihm eine andere Zeitform aufzuzwingen. Harrys Uhr gehorcht einem anderen Takt. Es ist Freitag. In einer kreativen Schockstarre verbringt Harry den Tag mit Teekochen, Teetrinken und Tee kaufen. Der Zustand wird bis Montag konserviert. Montagmorgen setzt sich Harry wieder an den Schreibtisch. Er hält den Unterdruck in seinem Zeitvakuum kaum noch aus. Mit großer Überwindungskraft gelingt es ihm anzufangen. Nach einem Acht-Stunden-Marathon ist die Anzeigenkampagne fertig. Zwischenzeitlich erhielt er von seinem Kunden 20 Anrufe, diverse SMS und zahlreiche E-Mails. Abgesehen von dem Rüffel, nicht erreichbar gewesen zu sein, erntet Harry für seine Arbeit großes Lob …

Nachdem Harry sein Projekt abgeschlossen hat, lässt er seine Zeit auf dem Heimatplaneten wieder für eine Weile weiterlaufen.

Ein gemeinsamer Nenner, auf den sich viele Zeit-Forscher einigen konnten, ist die Trennung von gemessener Zeit und gefühlter Zeit. So vergehen in der subjektiven Wahrnehmung von Verliebten die Stunden wie im Flug, während anderen die Stunden im Flugzeug wie Blei vorkommen.

Für den Aufschieber ist das Gefühl der wichtigste Zeitmesser. Er weiß zwar, welche Termine er hat, er weiß aber nicht, wie lange ein Termin dauert. Für den Aufschieber dauert jeder Termin grundsätzlich fünf Minuten: Mal eben Einkaufen gehen – fünf Minuten. Mal eben in die Autowaschanlage – fünf Minuten. Mal eben die Wohnung renovieren – fünf Minuten … Weihnachten kommt für den Aufschieber jedes Jahr vollkommen überraschend. Und dann auch noch im Dezember!

Es gehört zu den Standard-Übungen auf Zeitmanagement-Seminaren, die Dauer von allen Tätigkeiten des Alltags zu schätzen. Zähneputzen, Duschen, Fernsehen, Autofahren und so fort. Die geschätzten Zeitspannen werden später den tatsächlich benötigten Zeiträumen gegenüber gestellt. Sie ahnen, welche Abgründe zwischen der gefühlten Zeit und der gemessenen Zeit klaffen. Der gewiefte Aufschieber fühlt sich hier nur bestätigt: Wenn man sich doppelt so viel vornimmt, schafft man immerhin die Hälfte …

Beinahe hätte ich den größten Zeitfaktor vergessen, an den wir am wenigsten denken: Der Tod. Der Tod hält sich an keine Zeitpläne und regelt früher oder später trotzdem alles. Das sind unsterbliche Eigenschaften, die auch jedem Aufschieber zur Ehre gereichen …

Nimm jede Ablenkung dankbar an!

Jede Lücke im Terminkalender eines Aufschiebers ist ein bedrohlicher Abgrund. Hier lauert die Gefahr, in ein »Zeitfenster« zu stürzen und auf dem Boden der Tatsachen zu landen. Nichts zerstört den Kick des Termin-Pokers so sehr wie die Momente des Innehaltens, der Meditation und der Rückschau. Also, Finger weg von Ruhepausen. Sie nehmen sich sonst den ganzen prickelnden Zeitdruck, der Ihnen später beim Aufschieben fehlt.

Sollten Sie bei der Planung dennoch eine Lücke übersehen haben, findet sich bestimmt eine willkommene Ablenkung. Denn nur, wenn wir jede Ablenkung dankbar annehmen, verhindern wir die »gefährliche« Trennung zwischen Arbeit und Freizeit. Denken Sie besser bei der Arbeit an die Freizeit und bei der Freizeit an die Arbeit.

Selbst der kleinste Impuls von außen ist es wert, um daraus Kapital fürs Aufschieben zu schlagen. Wenn Sie zu Hause sind, lockt der Haushalt mit seinen unbegrenzten Möglichkeiten. Wichtig ist nur, dass Sie einer sonst zweit- bis drittrangigen Tätigkeit auf einmal die höchste Bedeutung verleihen. Bestimmt drängen sich Ihnen schnell solche Gedanken auf: Auf der Lampenschale müsste auch mal geputzt werden … Wann wurden eigentlich die Heizkörper zum letzten Mal abgeschrubbt? Der Korb mit den einzelnen Socken wird sich auch nicht von alleine sortieren …

Besonders dankbar ist es, mit der ersten Ablenkung eine Kettenreaktion auszulösen wie folgender Erlebnisbericht demonstriert:

Der Tag liegt vor mir wie ein unbeschriebenes Blatt. Endlich habe ich Zeit, ein wichtiges Angebot zu schreiben, und ich setze mich pünktlich morgens um Neun an den Schreibtisch. Ich schalte den Computer an und mein Blick schweift über den Nachbarschreibtisch. Vielmehr über das, was von ihm übrig geblieben ist. Gestern ist mir beim Möbelrücken im Büro die Glasplatte zerschellt. Für eine neue Auflage aus Glas wird mein Budget im Moment nicht reichen. Wie wäre es, sich im nahe gelegenen Baumarkt eine günstige Holzplatte zu besorgen? Das dauert höchstens eine halbe Stunde und mit so einem sanierten Nachbarschreibtisch arbeitet es sich bestimmt viel besser …

Ich irre durch den riesigen Baumarkt und kann nirgends erkennen, wo die Holzfachabteilung ist. Weil ich Glück habe, findet heute ein Gewinnspiel statt:

Dritter Preis: Wir verraten Ihnen, wo die Holzfachabteilung ist.

Zweiter Preis: Ein Gespräch mit einem Holzfachberater.

Erster Preis: Kein Gespräch mit einem Holzfachberater.

Ich habe natürlich nur den zweiten Preis gewonnen. Ich bitte den jungen Mann, mir zu verraten, wo ich mir eine neue Schreibtischplatte zusägen lassen kann. Er erklärt mir, er sei nur die Aushilfe für die Aushilfe und schickt mich zur Information. Dort würde man den Kollegen vom Zuschnitt für mich ausrufen lassen.

Ich laufe einen knappen Kilometer zurück zum Eingang. Die Information ist nicht besetzt. Ich warte eine Viertelstunde, denn schließlich ist mir meine Zeit zu schade, um unverrichteter Dinge nach Hause zu gehen. Der Herr vom Zuschnitt wird ausgerufen, befindet sich aber in der Pause. Nach einer weiteren Viertelstunde halte ich meine maßgeschneiderte Sperrholzbeute in den Händen. Schneeweiß beschichtet. Aber nicht am Rand. Durch die Kante grinsen mich die geleimten Sägespäne an. Zum Glück gibt es für solche Fälle ein weißes Band, das man einfach auf die Kante aufbügeln kann. Mittlerweile ist es 11 Uhr. Wenn ich kurz nach Hause fahre, um das Bügeleisen zu holen, bin ich um 12 Uhr wieder im Büro …

Zu Hause werfe ich einen Blick in den Briefkasten. Eine

Postkarte fordert mich zum zweiten Mal auf, den Stand meines Stromzählers durchzugeben. Das ist schnell gemacht und dann hat man es aus dem Kopf. Wo ist der Kellerschlüssel? Er hing sonst immer am Schlüsselbrett, aber das Schlüsselbrett hängt nicht mehr. Es hat den Kampf gegen die Schwerkraft verloren. Ich höre vor meinem geistigen Ohr die Anklage meiner Frau: »Das hättest du längst mal anständig anbringen können.«

Wenn ich für den Stromzähler sowieso in den Keller muss, kann ich auch die Bohrmaschine mitbringen. Zwei Löcher, zwei Dübel, zwei Schrauben und ich bin spätestens um 13 Uhr wieder im Büro …

Unsere Wände sind in den letzten Jahren nicht besser geworden. Aus den zwei Bohrlöchern sind mittlerweile zwölf geworden. Für jeden Apostel eines. Wenn meine Frau das sieht, brauche ich gar nicht mehr nach Hause zu kommen. Das muss dringend mit Spachtelmasse verschlossen werden. Doch woher nehmen, wenn nicht borgen?

Ich klingele bei meinem Nachbarn, einem pensionierten Handwerker. Seine Gattin öffnet und drückt mir angeheitert ein Glas Sekt in die Hand.

»Das ist aber nett, dass Sie an unsere Goldene Hochzeit gedacht haben.«

Ehe ich mich versehe, werde ich mit einem Stück goldene Hochzeitstorte Teil der Festgemeinde. Die Jubilare stellen mich allen Gästen vor. Ich stelle mir das Gesicht meiner Frau vor, wenn Sie an Stelle des Schlüsselbretts eine Wand vorfindet, die aussieht wie ein Schweizer Käse. Nach einer Stunde kann ich mich losreißen, um noch einmal kurz in den Baumarkt zu fahren. Wenn ich mich ein bisschen beeile, dann bin ich mit Einkaufen und Spachteln um 15 Uhr wieder im Büro …

»Suchen Sie die Holzfachabteilung?«

»Nein, die Spachtelabteilung.«

»Holz- oder Metallspachtel?«

»Nein, Spachtelmasse ohne Spachtel. Bitte sagen Sie nichts, ich gehe freiwillig zur Information.«

Die Palette mit der Spachtelmasse würde gerade vom LKW geladen. Wenn ich ein bisschen Zeit mitgebracht hätte, könnte man mir die erste Tube von der Nachlieferung aus der in Folie verschweißten Palette herauspulen. Was sein muss, muss sein …

Gegen 17 Uhr beseitige ich die letzten Reste Bohrstaub unter dem Schlüsselbrett. Jetzt nur noch kurz den Strom ablesen. Das Servicetelefon des Energieversorgers scheint noch nicht vollständig elektrifiziert zu sein. Nach zwanzig Minuten in der Warteschleife reißt die Verbindung plötzlich ab. Aber so schnell gebe ich nicht auf. Im dritten Anlauf schaffe ich es, aber leider können Zählerstände nur bis 18 Uhr in das »System eingepflegt« werden. Ich pflege heute auch nichts mehr ein. Gleich kommt meine Frau nach Hause. Dann kümmere ich mich eben morgen früh ein paar Minuten um den kaputten Schreibtisch und schreibe dann sofort mein dringendes Angebot …

Lassen Sie sich von der Perfektion in diesem Lehrbeispiel nicht entmutigen. Sobald sich Ihnen die Schlüsseltechniken der absoluten Ablenkbarkeit erschlossen haben, werden Sie schon bald Ihre eigenen Ablenkungsketten schmieden.

Was ist hier geschehen? Um ein Haar hätte unser Held angefangen, sein wichtiges Angebot zu schreiben. Dann bekam er noch rechtzeitig den rettenden Impuls von außen. Der Schreibtisch muss sowieso irgendwann repariert werden. An dieser Stelle steht er vor der ersten Entscheidung: Angebot schreiben oder eine ablenkende Erledigung, die grundsätzlich sinnvoll ist? Er entscheidet sich für die Ablenkung. Sein Gewissen beruhigt er mit einer kühnen Zeiteinschätzung: »Das dauert höchstens eine halbe Stunde.«

Das ist die Schlüsseltechnik, die uns zuverlässig von der anvisierten Umlaufbahn in die befreiende Nebenumlaufbahn katapultiert. Schärfen Sie erst die Sinne für einen Impuls von außen und treffen Sie dann die Entscheidung zugunsten der Ablenkung. Jetzt brauchen Sie den Coup nur noch mit einer geschönten Zeitangabe zu besiegeln.

Die Kettenreaktion lösen Sie aus, indem Sie jedem weiteren Impuls, der sich ergibt, genau so bereitwillig folgen. Ständig werden Sie vor neue Entscheidungen gestellt, die es im Sinne des Ablenkungsmanövers zu treffen gilt. In unserer Geschichte waren die weiteren Entscheidungen: Im Baumarkt lange warten, zu Hause das Bügeleisen holen, den Stromzähler ablesen, das Schlüsselbrett instand setzen und so weiter.

Wenn Sie von außen keine Impulse von Ihrem eigentlichen Vorhaben abhalten (Anrufe, E-Mails, überraschender Besuch usw.) fallen Ihnen bestimmt genügend attraktive Aktionen ein. Lösen Sie einfach mit Ihren Ideen einen inneren Impuls aus. Hier ein paar bewährte Anregungen für spontane Projekte:

- *Auto auf Gas umrüsten.* Beim Gedanken an die steigenden Spritpreise könnte Ihnen plötzlich einfallen, Ihr Auto auf kostengünstiges Autogas umrüsten zu lassen. An diesen spontanen Entschluss reihen sich eine Menge zeitraubender Vorbereitungen. Da Sie jedes Mal an der Zapfsäule 50 % zu viel bezahlen, duldet die Entscheidung keinen Aufschub. Sie lassen alles stehen und liegen, um die günstigste Werkstatt zu recherchieren. Anschließend rechnen Sie sich unter verschiedenen Betrachtungsweisen die Kostenersparnis aus. Ein Anbieter räumt Ihnen sogar einen Sofort-Rabatt ein: aber nur, wenn Sie auch wirklich *sofort* kommen. Für das Schnäppchen fahren Sie gerne ein paar Kilometer mehr. Schon am nächsten Tag ist Ihr Wagen umgerüstet, wodurch Sie gleich zwei Tage mit der Umrüstaktion beschäftigt sind. Doch dies wäre kein Geheimtipp, wenn es nicht noch einen zeitaufwändigen Nachschlag gäbe. Ein paar Wochen nach dem Umbau flattern Ihnen die

TÜV-Papiere ins Haus. Erst dann haben Sie die Pflicht, sich umgehend beim Straßenverkehrsamt einzufinden, um Ihren Fahrzeugbrief umschreiben zu lassen. Bingo. Drei Tage Aufwand für eine schnelle Idee, die sich nach ca. anderthalb Jahren rechnet.

- *Handyanbieter wechseln.* Denken Sie, wenn der Beginn Ihres Projekts zu bedrohlich wird, einfach an Ihre letzte Handy-Rechnung. Bei der Vorstellung, so bald wie möglich nur noch einen Bruchteil davon zu bezahlen, klingelt es Ihnen in den Ohren. Seit man seine Nummer mitnehmen kann, spricht ja auch nichts mehr dagegen, den Anbieter zu wechseln. Sie arbeiten sich unverzüglich in das Koordinatensystem von 20 Tariftabellen ein, die Ihnen das Internet ausspuckt. Die richtige Wahl treffen Sie, wenn Sie Ihr Telefonverhalten gründlich analysieren. Was für ein Telefontyp sind Sie überhaupt?

  a) Der aktive Freizeit-Telefonierer, der in jeder freien Minute eine SMS schreibt, um sich zum Telefonieren zu verabreden.
  b) Der passive Berufs-Telefonierer, der keine Zeit hat, um SMS zu schreiben und jeden zweiten Anruf wegdrückt.
  c) Der aktiv-passive Swinger-Typ, der eigentlich gar kein Handy braucht, weil er während der Arbeitszeit auf Kosten der Firma telefoniert und in der Freizeit heimlich das Handy des Partners benutzt.

Doch was nützt die beste Selbstdiagnose, wenn es darüber hinaus viel gewichtigere Entscheidungen zu treffen gilt. Nehmen Sie das Angebot Ihres Automobilclubs, inklusive der Rückflugversicherung für daheim gebliebene Haustiere? Oder das Angebot Ihres Kaffeerösters mit drei Pfund Schonkaffee und 4 Millionen Frei-SMS in den ersten 5 Tagen?

Sie werden sich schließlich doch von Ihrer alten Handynummer verabschieden, weil Ihnen die Formalitäten für den Umzug der Nummer den Rest geben.
Stolze Bilanz der Spitzen-Ablenkung: Ein Tag für den Tarifvergleich und ein halbes Jahr, bis der letzte Ihre neue Handynummer gespeichert hat …

- *Diät-Programm planen und durchführen.* Wem die bisherigen Ablenk-Tipps zur Arbeitsvermeidung zu harmlos waren, der landet mit dieser Methode einen Volltreffer. Hand aufs Herz: Abnehmen wollten Sie doch schon längst. Warum nicht jetzt, wo Sie am wenigsten Zeit dazu haben?
  Fressen Sie sich in Ruhe in die Vor- und Nachteile der unzähligen Diäten rein. Was gibt es denn da? Die Montags-Diät (Montag fange ich an …), die Essig-Diät (Ess' ich oder ess' ich nicht?) oder die Brigitte-Diät (Heiße ich Brigitte, oder was?).
  Am besten überreden Sie möglichst viele Kollegen, mit Ihnen um die Wette zu hungern. Jeder legt 500,00 Euro (sonst tut es ja nicht weh) in den Jackpot. *The winner takes it all.*
  Mit dem Abklappern exotischer Bioläden, wo sonst nur die »guten Menschen« einkaufen, ist es bei der Nahrungssuche nicht getan. Die erlesenen Zutaten von freilaufenden Bauern, deren Kinder in Bodenhaltung aufwachsen, wollen artgerecht zubereitet werden. Sie probieren stundenlang neue Diät-Rezepte aus wie »Eiweißschock im Wok« und »Fat-Burner in Blätterteig«.
  Aus Solidarität schließen Sie sich dem täglichen Zirkeltraining an, das Ihre Mitstreiter in einem teuren Fitness-Studio absolvieren. Dann wird es für alle billiger.
  Das geniale an dieser Methode ist, dass Sie Ihnen sechs Wochen lang rund um die Uhr Zeit und Nerven raubt. Als Aufschieber werden Sie sogar den Jackpot gewinnen. Denn wenn es dazu dient, unsere Hauptaufgabe liegen zu lassen,

dann sind wir zu Höchstleistungen fähig. Und das sogar pünktlich.

- *Neues Hobby: Falsch übersetzte Speisekarten sammeln.* Im Urlaub amüsieren wir uns köstlich, wenn eine Speisekarte falsch ins Deutsche übertragen wurde. Da genießen wir als Vorspeise eine »Fischsippe mit eingelegten Muffen«, zum Hauptgang die »vegetarische Ente mit weg gelaufenen Eiern« und zum Nachtisch das »selbst gekochte Eis mit gepeitschter Sahne«.
Warum den Spaß nicht mit nach Hause nehmen? Ab jetzt stecken Sie jede gut gewürzte Übersetzungspanne ein, die Ihnen auf den Tisch kommt. Ordner um Ordner füllen Sie mit Ihren Beutestücken. Geschmackvoll sortiert nach Landstrichen und Menüfolgen. Doubletten tauschen Sie auf Liebhaberbörsen. Gründen Sie einen Verein für paralinguistische Ekstasen. Ihre Kosten spielt das einzigartige Vereinslokal wieder ein. Der kulinarische Clou: Hier wird Wort für Wort gekocht, was auf der eingedeutschten Karte steht: »Der Schwanz von der Kröte zur Mode des Chefs« (Coda del rospo nach Art des Chefs).

- *Einfach so. Eine Familienfeier organisieren.* Unser Familiensinn ist eine Zeitbombe, die immer zur unrechten Zeit hochgeht. Lassen Sie sich spontan von dem Gefühl einnehmen, sobald es geht die nahe und weitläufige Verwandtschaft für ein Fest zu gewinnen. Sie haben zwar das Desaster vom letzten Mal nicht vergessen, aber die Hoffnung auf eine harmonische Familienfeier stirbt bekanntlich zuletzt.
Dummerweise ist ein Sohn gerade mit seiner Familie nach Amerika ausgewandert. Doch wo ein Wille ist, ist auch ein Flugticket. Sonst sind die Enkel groß und sprechen gar kein Deutsch mehr. In Ihrem Kopf bildet sich ein Koordinatensystem. Auf der einen Achse steht Zeit. Auf der anderen Ki-

lometer. Ganz andere Linien durchkreuzen sich, wenn Sie an die verfeindeten Äste und Zweige in Ihrem Stammbaum denken. Und die Kosten. So eine Feier kostet Geld. Schon wieder eine Entscheidung: Nehmen Sie einen Kredit auf und spendieren Sie den Kletterpark und das Hotel? Oder misten Sie die Garage aus und überreden die Kinder (30, 38, 42) sich den »Spaß zu gönnen«, wie in alten Campingtagen (anno '74) auf der Iso-Matte zu schlafen. Und wohin bloß mit den Hunden? Die halbe Bagage leidet an Hundeallergie. Die andere Hälfte leidet an eigenen Hunden.
Sie starten abends ein paar Telefongespräche mit den Meinungsführern der Familie. Tief in der Nacht sitzen Sie vor einem prall gefüllten Blatt mit Terminwünschen, Termintabus und Diätplänen. Alle bekommen Sie sowieso nicht unter einen Hut. Jetzt heißt es, das kleinere Übel wählen. Nehmen Sie als Termin die Schnittmenge der Schulferien von Hamburg, München und New York? Das wäre Weihnachten. Aber da haben alle schon was anderes vor. Oder blenden Sie die Sippschaft ganzer Bundesländer aus und gestalten das Programm nur für die Anverwandten, die Sie nett finden? Dann wäre auch mehr Geld für die Flugtickets übrig.
Am nächsten Tag schlägt das Imperium zurück. Ihre vorsichtig geäußerten Gedanken haben sich im regen Familienfunk in unvorsichtige Gerüchte verwandelt: »Was habe ich da von Petra gehört? Mama zieht nach New York. Papa muss nach Hamburg zu Uwe. Außer in den Schulferien. Da muss er zu Ulf nach München. Außerdem ist seit Ewigkeiten eine Familienfeier geplant. Alle wussten es. Nur ich nicht. Da will Mama uns wohl ihren Abschied verkünden. Ich denke, die hat in ihrem Job immer so viel zu tun? Kann ja nicht so doll sein, wenn sie nebenbei die komplette Auswanderung managt, Papa umtopft und sogar noch Zeit findet, eine Familienfeier zu planen …«

- *Mal was ganz Verrücktes tun: Den Würfel entscheiden lassen.* Es gibt wahnwitzige Ideen, die von noch wahnwitzigeren Menschen umgesetzt werden. Kennen Sie das Konzept von Luke Rhineharts Roman *Der Würfler*?
Der New Yorker Psychiater sucht einen Ausweg aus dem Alltagstrott. Und findet ihn. Er beschließt nach einem Pokerabend, in allen Lebenslagen den Würfel entscheiden zu lassen. Passend zur Situation definiert der Würfler für jede Augenzahl eine Handlungsalternative. Dann würfelt er. Wenn der Würfel gefallen ist, gibt es kein Zurück mehr. Es muss getan werden, was der Wurf gebietet. Um den Erfahrungshorizont zu erweitern, sollte eine der Optionen dem Spieler richtig unangenehm sein.
Im Roman klingt das aufregend. Aber wie aufregend wäre das im richtigen Leben? Auch in Deutschland finden sich Fans des Kultbuchs zusammen, die ihre Entscheidungen auswürfeln. Was für eine entlastende Vorstellung, um aufzuschieben. Endlich nimmt Ihnen jemand die Entscheidung ab. Und wenn es nur ein Würfel ist. Spielen Sie eine Runde mit?
Sie wollten vielleicht ursprünglich Ihren Keller entrümpeln. Doch dank des Würfels rutscht die Wahrscheinlichkeit, in den Keller zu müssen, auf 1 zu 6 ab. Wie könnten Sie die 5 anderen Weichenstellungen aufs Spiel setzen?

1 = Keller aufräumen.
2 = Zum Flughafen fahren und eine Last-Minute-Reise antreten.
3 = Sie bringen Ihrer Schwiegermutter die zwanzig grottenhässlichen Sammeltassen zurück.
4 = Sie sprechen einen attraktiven Menschen auf der Straße an und fragen, ob er oder sie mit Ihnen Kaffeetrinken geht.

5 = Sie kündigen Ihren Job und machen sich mit einem Hüpfburgen-Verleih selbstständig.
6 = Sie lesen dieses Buch in einem Rutsch zu Ende.

Möchten Sie wissen, wie die Geschichte weiter geht? Ich auch. Erzählen Sie es mir bitte, nachdem Sie der Entscheidung des Würfels gefolgt sind …

Das war die Abteilung der angenehmeren Ablenkungen. Den gleichen Zweck, wenn nicht noch mehr, erfüllen die unangenehmen Selbstläufer, die Sie mit etwas Übung anstoßen können. Es sind die inneren und äußeren Konflikte. Sie treiben uns um. Sie absorbieren unsere Energie. Sie sind ein exzellentes Mittel, um keinen klaren Gedanken mehr für unser geplantes Ziel fassen zu können.

Sicher gibt es auch in Ihrem Leben Personen, über die Sie sich leicht aufregen können. Schon der Gedanke an die Schrullen und Macken des Verwandten oder Bekannten bringt Sie in Rage. Die Aufregung wird perfekt nach einem kurzen Telefongespräch, einem knappen E-Mail-Wechsel und erst recht nach einem persönlichen Treffen. Bei dem einen ist es die Mutter, bei dem andern der Vater und beim Dritten die ganze Familie. Die Exotika aller Couleur im Kollegenkreis nicht zu vergessen. Bevor Ihr Kopf also für die Erledigung einer wichtigen Angelegenheit frei wird, greifen Sie einfach zum Telefon und nutzen Sie Ihren regelmäßigen Pflichtanruf bei Ihrem schwierigen Zeitgenossen strategisch. Sollte das Gespräch zu harmonisch verlaufen, streifen Sie einfach ein altes Konfliktthema. Die Erbschaftsgeschichte von Anno Tobak, heikle Fragen der Kindererziehung oder Ihren *vollkommen* anderen Geschmack in allen Lebensbereichen … Es lohnt sich. Das Gespräch wird mindestens noch einen halben Tag nachbrennen. Wenn Sie Glück haben, gelangen Sie auch an neue Informationen, die unverzüglich an die wichtigsten

Knotenpunkte in Ihrem sozialen Netz weiter kommuniziert werden müssen. Da springen in der Regel locker fünf weitere Telefonate dabei raus. Ist die Lawine erst ins Rollen gebracht, dürfen Sie diesen Tag getrost aus Ihrem Kalender streichen …

Nach dieser Aufwärmübung zu den nervlich belastenden Ablenkungen, bei der noch vieles dem Zufall überlassen wird, möchte ich Ihnen die gezieltere Variante nicht vorenthalten. Sie werden die Strategie sofort verstehen, wenn Sie den Schachzug von Olga gelesen haben:

Olga hätte längst mit der Reisekostenabrechnung fertig sein müssen. Zufällig kommt der Chef, aufgrund eines Außentermins, heute später ins Büro. Eigentlich genau die Galgenfrist, die sie noch retten könnte. Von Minute zu Minute wurmt es sie mehr, was ihr heute Morgen von einer Kollegin zugetragen wurde. Da hat doch gestern tatsächlich die Sekretärin von der Nachbarabteilung auf einer Sitzung behauptet, dass das neue Ordnungssystem auf ihrem Mist gewachsen sei. So eine Frechheit! Das Konzept hatte Olga von A bis Z allein entwickelt. Jetzt ist Schluss mit lustig. Olga schreibt eine Rundmail an alle Abteilungsleiter und bedankt sich überschwänglich für die positive Resonanz auf ihre ureigene Lösung. Sie wundere sich sehr, dass es noch immer Menschen in ihrem nähren Umfeld gäbe, die sich gern mit fremden Federn schmücken würden.

Olga schlägt das Herz bis zum Hals, als sie auf »Senden« drückt. Ihr Puls wird danach nicht ruhiger. Wann würde das Telefon klingeln und das Gewitter losbrechen?

Das Telefon klingelt die ganze Woche nicht. Zumindest nicht aus diesem Grund. Es verdichten sich die Gerüchte, die Nachbarsekretärin würde eine Kollegin nach der anderen auf ihre Seite ziehen. Olga kann nachts nicht mehr schlafen. Der Konflikt geht ihr nicht mehr aus dem Kopf. Die Reisekostenabrechnung liegt ihr wie Blei im Magen. Aber unter diesen

Umständen ist es Olga nicht möglich, die nötige Konzentration dafür aufzubringen …

Hier greift die Aufschiebende zu härteren Bandagen. Wieder gibt es einen Impuls von außen. Wieder gibt es eine Entscheidung zu treffen. Anfänger im Schiebe-Business hätten erst die Reisekostenabrechnung gemacht und dann noch einmal über den Konflikt mit der Kollegin eine Nacht geschlafen. Nicht so bei Olga. Das ungemütliche Gefühl, das ihr die Abrechnung verursacht, wird mit der angefachten Fehde betäubt.

Dieses besonders scharfe Schiebe-Mittel ist nur Fortgeschrittenen zu empfehlen. Es wirkt durchschlagend auf alle Lebensbereiche und lässt sich selten adäquat dosieren. Doch bevor sich ein Aufschieber wie das Kaninchen vor der Schlange fühlt, schießt er manchmal lieber mit Kanonen auf Spatzen.

Setze dir keine Prioritäten

Überall wird Werbung dafür gemacht, man solle sich Prioritäten setzen. Auf jedem Seminar für Zeitmanagement lernt man als erstes: »Sei ein Mann, fang mit dem Wichtigsten an!« (Oder: »Sei eine Frau, und mach das erste genau«) Nur so erlebst du den Geschmack von Freiheit und Abenteuer! Und dann reitest du einsam durch die Prärie von Termin zu Termin und zur Belohnung warten am Ende eines langen Tages auf dich nur Überstunden.

Wenn Sie es mit dem Aufschieben ernst meinen, dann hören Sie bitte auf mit dem Prioritäten setzen. Ich weiß wie schwer es ist, davon weg zu kommen. Ich war ja früher auch total abhängig. Und wenn Sie schon unbedingt Prioritäten setzen müssen, dann fangen Sie bitte immer mit dem Unwichtigsten an!

Wenn man morgens zur Arbeit kommt, was macht man dann als erstes? Richtig.

Man holt seine E-Mails ab. Natürlich nur die Privaten. Wer liest schon berufliche E-Mails?

In meiner Firma habe ich ein Experiment gemacht. Letztes Jahr im Sommer wurde an alle Mitarbeiter eine dreiseitige Mail verschickt. Im letzten Satz stand: »Wer diese E-Mail zu Ende liest, bekommt 500 Euro.« Bis heute hat sich keiner gemeldet …

Wer hat sich das mit den Prioritäten überhaupt ausgedacht? Alle reden von A-, B- und C-Prioritäten, das muss doch irgendwoher kommen. Der amerikanische Präsident »Ike« Eisenhower soll in seiner Amtszeit (1953-1961) das Land nach folgender Prioritäten-Matrix regiert haben. Sie ist als Eisenhower-Prinzip in die Geschichte eingegangen.

Prioritäten-Matrix	**Nicht dringend**	**Dringend**
Wichtig	**B**-Priorität	**A**-Priorität
Nicht wichtig	**D**-Priorität	**C**-Priorität

Das Prinzip geht davon aus, dass wir alle anliegenden Tätigkeiten nach zwei Kriterien taxieren können: wichtig und dringend. Demnach sind A-Prioritäten wichtig und dringend, B-Prioritäten wichtig und weniger dringend, C-Prioritäten weniger wichtig, aber dringend und die »bösen« D-Prioritäten weder wichtig noch dringend.

Sie brauchen gar nicht erst zu versuchen, Ihre A-Prioritäten als erstes zu erledigen, denn an die Hektik der heutigen Zeit hat das Prinzip aus den 1950er Jahren nicht gedacht. Sie werden schnell feststellen, dass Sie eine Überzahl an A-Prioritäten haben, die Sie überhaupt nicht zur gleichen Zeit an erster Stelle abarbeiten können. Viel Spannender sind für Sie die C- und D-Prioritäten. Eine schöne C-Prio ist zum Beispiel ein Preisausschreiben. Der Einsendeschluss ist wunderbar dringend, aber wirklich wichtig ist die Teilnahme nicht. Das Aufschieben gelingt hervorragend mit dringenden Dingen, die von uns sonst keine große Leistung fordern.

Noch ein dringender Warnhinweis. Riskieren Sie es nicht, Ihre C-Prioritäten zu delegieren. Ich kenne einen Informatiker, dem dieses Missgeschick passiert ist. Jahrelang konnte er einen guten Teil der Woche darauf verwenden, die Geburtstagsgeschenke für die ganze Abteilung zu organisieren. Er programmierte eine Excel-Tabelle, welche die Vorlieben von jedem Mitarbeiter erfasste, Präsent-Vorschläge aufnahm und vor allem die Zahlungsmoral der Schenkenden auswertete. Stolz zeigte er jedem den Geschenk-Verlauf der letzten Dekade in Tabellen, Grafiken und 3 D-Animationen. Eines Tages ritt ihn der Teufel und er delegierte das Geschenke-Management an die Sekretärin. Dumm gelaufen. Jetzt beschäftigt er sich einen guten Teil der Woche mit A- und B-Prioritäten.

Ein bisschen mehr Wagemut vom wankelmütigen Aufschieber fordern die anspruchsvollen D-Prioritäten. Wer traut sich schon, zur Ablenkung ausgedehnte Shopping-Touren zu unternehmen? Oder einen Tag im Bällebad bei IKEA? Oder 20 Doppelfolgen von »Giraffe, Erdmännchen & Co« auf DVD?

Stellen Sie das Eisenhower-Prinzip einfach auf den Kopf und arbeiten Sie erst alle D- und C-Aufgaben ab. Für mehr reicht Ihre Zeit bestimmt nicht.

Besser noch: Folgen Sie instinktiv Ihrem Lustprinzip und hauen Sie erst alles weg, was Ihnen am angenehmsten ist. Ich wette mit Ihnen, würde man am Ende des Tages Ihre Aktionen nach Prioritäten ordnen, kämen Sie auf das gleiche Ergebnis.

Das Eisenhower-Modell gehört zum Standard der Fachliteratur und soll bis heute die Menschheit lehren, in welcher Reihenfolge die Arbeit am effizientesten sei. Was aber in keinem Lehrbuch über Zeitmanagement steht, ist das viel interessantere Konzept von »Ike« Eisenhower. Das Schaukelstuhl-

Prinzip. Als Eisenhower 1948 als Vorsitzender der Alliierten zurückgetreten war, fragte ihn ein Reporter nach seinen Zukunftsplänen. Der weise Politiker antwortete:

»Ich werde einen Schaukelstuhl auf die Veranda stellen. Dann werde ich sechs Monate ruhig sitzen. Dann werde ich *ganz langsam* zu schaukeln beginnen.«

Einen Haken hat jedoch auch das Schaukelstuhl-Prinzip. Wie erklärt man seinen Verschiebebahnhof den von uns leicht »verschaukelten« Mitmenschen? Als Aufschieber sollte man stets eine aktuelle Standardausrede parat haben. Wenn man Kinder hat, ist das ganz einfach: Erst hat man keine Zeit, weil das Kind gerade geboren ist. Dann hat man keine Zeit, weil das Kind seine ersten Zähne bekommt. In der nächsten Phase hat man keine Zeit, weil das Kind auf dem Schulhof einen Zahn ausgeschlagen bekam. Wenn das Kind dann 16 ist, hat man keine Zeit, weil das Kind vielleicht von einem Zahnarzt geschwängert wurde. Und wenn man Enkelkinder bekommt, geht das Ganze wieder von vorne los. Schließlich haben so viele Zahnärzte in die Familie eingeheiratet, dass man sowieso nicht mehr arbeiten muss …

Welche Ausrede haben aber Menschen, die keine Kinder haben? Für alle ohne Kinder gilt der schöne alte Satz: »Wer einen Chef hat, braucht keine eigenen Kinder!« Und es lohnt sich auch nicht, seinem Chef zu widersprechen, denn das tut er nach kurzer Zeit selbst …

Halte Unordnung!

Wir sind es ja lange schon nicht mehr gewohnt, unser Auto im Parkhaus auf Anhieb wieder zu finden. Wenn wir eine Telefonnummer notieren, dann machen wir das auf einem kleinen Zettel und schreiben natürlich nicht dazu, von wem sie ist. Wenn wir hinterher wissen wollen, zu wem die Nummer gehört, können wir ja anrufen. Was meinen Sie, wie sich Ihre

Bekannten und Kunden freuen, wenn Sie von Zeit zu Zeit mal anrufen, um sie nach ihrem Namen zu fragen.

Die einzige Wirtschaft, die immer Konjunktur hat, ist die Zettelwirtschaft. Wir schreiben zwar bei jeder Gelegenheit fleißig mit, zerstreuen aber unsere Aufzeichnungen und Unterlagen systematisch in alle Winde. Selbst wenn wir wissen, wo die Notizen sind, so sind sie zur richtigen Zeit am falschen Ort. Wie oft haben wir unser Arbeitsmaterial nicht schon auf Wanderschaft geschickt. Der Rundwanderweg verlief vom Büro nach Hause und wieder zurück. Heute hier, morgen dort und wenn man's braucht, dann ist es fort.

Dabei stecken wir doch alle wichtigen Papiere in die erste Schublade. Und wenn diese voll ist, dann in die zweite und so weiter … Am Ende haben wir nur noch »erste Schubladen«, auch wenn noch 19 andere darüber hängen.

Und wie schnell könnten wir unsere Arbeit erledigen, wenn wir auf unserem Schreibtisch die Dinge einfach gleich wiederfinden würden. Deshalb haben sich schon ganz verschiedene Schreibtischtypen herausgebildet. Die kennen Sie bestimmt aus dem Büro.

Da gibt es z.B. den Ordnungsliebenden. Bei diesem Typ liegen die Sachen auf dem Schreibtisch – genau mit dem Geodreieck abgemessen – im rechten Winkel. Das sind die Menschen, die morgens als erstes mit einem Wattestäbchen den Bildschirmrand am Computer sauber machen. Dann wird mit dem Akku-Staubsauger alles noch einmal nachgesaugt. Danach wiegen sie mit der Briefwaage die Büroklammern ab, denn es könnte ja eine fehlen …

Eine andere Spezies ist der design-verliebte Karrieretyp. Auf seinem Schreibtisch steht im Wert eines Monatsgehaltes ein Colani-Tesa-Abroller. Seine Schreibtischuhr besteht aus einer kleinen Kugelbahn. Da bedeutet jede Etage in der Kugelbahn jeweils Monat, Woche, Tag, Stunde oder Minute. Und ich sage Ihnen eins: Es ist leichter, die Zeit anzuhalten, als mit so einer Kugelbahn herauszufinden, wie spät es ist! Aber wer so einen Schreibtisch hat, der macht bestimmt Karriere – oder gibt sich die Kugel, je nachdem.

Ein weiterer Schreibtischtyp ist der absolute Familienmensch: Bei ihm ist der ganze Tisch vollgestellt mit Familienfotos. Auf der linken Seite stehen seine Frau und seine ganzen Freundinnen. Auf der rechten Seite stehen seine Ex-Frau und seine ganzen Ex-Freundinnen. Und in der Mitte stehen die Kinder. Da weiß man nie genau, zu welcher Seite die gehören, ob zu der aktiven Seite oder zu den Exen … Als Bildschirmschoner haben diese Vertreter sämtliche Urlaubsbilder der letzten 20 Reisen nach Kitzbühl. Und ich muss sagen: Kitzbühl hat sich in den letzten 20 Jahren nicht wesentlich verändert.

Kommen wir jetzt zu meinem absoluten Liebling unter den Schreibtischtypen: Dem Entertainer. Wenn man bei diesem Typ nachts einbrechen würde, würde man denken, man sei in einem Geschäft für Scherzartikel gelandet. Auf seinem Schreibtisch steht die unvermeidliche Diddl-Tasse. An der Wand hängt die berühmte, schon tausendfach vervielfältigte Fotokopie von diesem breit grinsenden Chinesen:

»Albeite immel flöhlich, ohne Mullen und Knullen!«

Und dann kommen Sie auch nie an seinem Schreibtisch vorbei, ohne dass dieser Kollege Ihnen den neuesten Witz erzählt: »Treffen sich zwei Aufschieber. Sagt der eine zum anderen: Du machst doch jetzt schon seit sieben Jahre Psychotherapie. Und hat sich an deinem Aufschiebeverhalten etwas geändert? – Nein, sagt der andere. Aber es macht mir heute nichts mehr aus!«

Und jetzt kommen wir zu meinem Schreibtischtypen: Das chaotische Genie. Mir könnte man den Schreibtisch noch 100 Meter verlängern, das Papier würde sich trotzdem heuschreckenartig immer weiter ausbreiten. Aber worin ich wirklich Meister bin, das ist im Stapel bilden! Wir machen da immer so einen kleinen Wettbewerb gegen die Nachbarabteilung:

Wer schafft es, im Laufe eines Tages den höchsten Stapel zu bilden – und das nur mit den täglich neuen Unterlagen, ohne Gelbe Seiten und der Speisekarte vom Pizza-Taxi.

Wenn Ihnen der Schreibtisch längst zu eindimensional geworden ist, um Ihre Unordnung aufrecht zu erhalten, greifen Sie zu einem komplexeren Mittel. Wechseln Sie ständig auf halber Strecke Ihr Ordnungssystem. Fangen Sie zum Beispiel mit der umfangreichen Systematik von David Allen (*Dinge geregelt kriegen*) an. Dieses Selbstmanagement-Modell wurde von seinen Jüngerinnen und Jüngern in den letzten Jahrzehnten so filigran ausgefeilt, dass sich der Schöpfer selbst nicht mehr ordentlich daran hält.

Das Grundprinzip lautet: Alle Aufgaben raus aus dem Kopf und rein ins Ordnungsvergnügen.

Aber mit welchem System? Sicher kennen Sie To-do-Listen und die so genannten To-do's. Ich dachte lange, es schreibt sich Tu-du-Liste. Nach dem Motto: Ich mache es nicht. Tu' du's. David Allen könnte man als einen der Urväter der Zutun-Liste bezeichnen. Denn sein Ordnungskriterium ist die Aufteilung in Aufgaben und Termine. Doch es reicht nicht, die Aufgaben auf eine Liste zu schreiben und die Termine in den Kalender einzutragen. Die Aufgaben werden einem gründlichen TÜV unterzogen: Ist es ein Projekt (ab zwei Tätigkeiten)? Dauert es nicht länger als zwei Minuten? Dann mache ich es sofort. Dauert es länger? Wann mache ich es dann? Und so weiter. Sind alle Aufgaben einer bestimmten Sorte von Projekt zugewiesen, beginnt erst das Zuordnen des Materials. Ich darf auf meinem Schreibtisch also nur aufräumen, wenn ich vorher tagelang meine Aufgaben und Termine in Projekte gegossen habe. Zur Belohnung gibt es für jedes Vorhaben eine Pendelmappe. Der ersehnte Hafen für den Wildwuchs zwischen Tastatur und Teetassen.

Mit diesem hoch differenzierten System schaffen Sie sich die besten Voraussetzungen, dass Sie nur die Hälfte der Hängeordner füllen werden. Das ist genau der richtige Zeitpunkt, um die andere Hälfte Ihrer Stapel nach einer neuen Struktur zu ordnen. Wählen Sie nach dem Sortier-Schock, den Ihnen David Allen versetzt hat, zur Erholung eine extrem einfache und grobe Dreiteilung: Sofort. Bald. Später. *Stupify your life.*

Spätestens nach einer Woche werden Sie weniger wiederfinden als in den besten Zeiten Ihrer Unordnung. Wie man doch sein Chaos mit einem kleinen Richtungswechsel im richtigen Moment gegen Ordnungssysteme immun machen kann.

Und sollten Sie aus Versehen auf Ihrem Schreibtisch doch etwas finden, können Sie ja immer noch nach Ihrem Schlüssel suchen! Es gibt wohl kaum einen Gegenstand, zu dem wir so ein inniges Verhältnis haben, wie zu unserem Schlüsselbund. Drei Viertel der Leser kenne ich doch schon vom Jahrestreffen der Anonymen Schlüsselsucher! Wenn Sie die Zeit addieren, die Sie schon mit Schlüsselsuchen verbracht haben, dann kommen am Ende des Lebens mehrere Jahre zusammen.

Zu keinem anderen Gegenstand haben wir so ein intimes Verhältnis, wie zu unserem Schlüsselbund. Ich finde, es wird Zeit, unseren heißen Schlüssel-Erlebnissen ein Liebesgedicht zu widmen, zu dem mich ein Lied von Stefan Sulke inspiriert hat.

An meinen Schlüsselbund

Ich hab dich tausend Mal gesucht,
wie oft hab ich dich schon verflucht,
ich bin dir hinterher gerannt,
hab dich aus meinem Hirn verbannt
und immer wieder. Und immer wieder.
Hab ich dich nur gesucht.

Ich legte dich unter die Matte,
packte dich in weiche Watte.
Trug dich auch am Hosenbund,
steckte dich in manchen Schlund
und immer wieder. Und immer wieder.
Hab ich dich nur gesucht.

Andere Dinge muss ich niemals suchen,
andre muss ich nie verfluchen.
Alles andre find ich auf Kommando
von Dortmund bis Orlando.

Und die Knie wund vom langen Kriechen
nach dem Essen bei dem Griechen,
fand ich dich mit deiner Spitze
in der Teppichritze.

Ich hab dich tausendmal geträumt.
Tausendmal versäumt.
Tausendmal angefasst.
Tausendmal verpasst.
Und immer wieder …
Und immer wieder …
Ich such dich immer noch!

Mein Patenkind hat jetzt in der Schule durchgenommen, was paradox ist. Da musste er Beispiele sammeln wie der »eckige Kreis« oder die »gerade Kurve« oder »der nüchterne Chirurg«. Da habe ich zu meinem Patenkind gesagt: »Weißt du, was paradox ist? Eben mal etwas ausdrucken.« Die Worte »eben mal« und »etwas ausdrucken« darf man nicht in einem Satz verwenden. Sie schalten den Computer an und wollen »eben mal etwas ausdrucken«, und schon erscheint die Meldung: »Drucker wird gesucht«. Obwohl der Drucker doch in unmittelbarer Nähe steht. Wissen Sie eigentlich, wie viele Menschen täglich bei der Feuerwehr anrufen, weil die Meldung erscheint »Die CD brennt!«? Da bekommt der Befehl »Löschen« in Ihrem Computerprogramm eine ganz neue Bedeutung.

Mit einem Computer kann man wirklich nicht arbeiten, man kann ihn nur benutzen. Wenn Sie es z. B. endlich geschafft haben, bei einer E-Mail den Anhang zu öffnen (ich dachte ja lange Zeit, den »Anhang öffnen« würde heißen »mit den Verwandten reden«), dann haben Sie sich sofort einen Killer-Virus eingefangen. Ich hatte neulich einen Killer-Virus, der verschickte sich automatisch an all meine Kunden, die im Adressbuch standen. Dann löschte er sämtliche Programme im Fernseher und schaltete den Kühlschrank ab. Mittlerweile hatte das Modem eine 0190er-Nummer gewählt und meine Kreditkarte bei Aldi verpulvert – und das, obwohl Aldi gar keine Kreditkarten nimmt!

Ich weiß, was Sie jetzt denken: Dafür gibt es doch Virensuchprogramme. Habe ich alle schon gehabt, können Sie allesamt vergessen. Mein letztes hieß: »E-Mail und die Detektive«. Und dann wird mir immer vorgeworfen, ich würde mich nicht mit der Technik beschäftigen! So ein Blödsinn! Ich liebe Technik. Ich war sogar der erste, der herausgefunden hat, dass an meinem Laptop eine herausfahrbare Halterung für Kaffeetassen ist! Mein Chef glaubt immer noch, man könnte da CDs einlegen.

Wenn man schon mit Computern nicht arbeiten kann, sollte man sie wenigstens zum Spielen benutzen. Ein Freund zeigte mir ein Online-Spiel. Er hat sich einer virtuellen Schrebergarten-Kolonie angeschlossen. Auf einem Internetportal jätet er jeden Tag seine Gemüsebeete. Sie wachsen und gedeihen in einem Zwergenland voller Wichtel und Wachteln. Die am Bildschirm gezüchteten Äpfel, Birnen und Brokkoli werden gegen Wurzeltaler auf dem Marktplatz von Wurzeltal angeboten. Neueinsteiger stehen in der Einkommens-Skala ganz unten und werden als »Salatschleuderer« geneckt. Über 22 Rangstufen wie »Walnusswächter« und »Krokuspokus« kann man sich bis zum »Wurzelimperator« (ab einem Vermögen von 99.999.999 Wurzeltalern) hocharbeiten. Endlich mal ein Angebot für die Ü-40-Generation. Spinat statt Spaceshuttle. Karotten statt Kanonen. Spargel-Könige statt Cyber-Monster. In kurzer Zeit nimmt Ihnen das Spiel Ihre komplette Lebensplanung ab. Als Schrebergarten-Besitzer blühen Ihnen empfindliche Sanktionen, wenn Sie dem virtuellem Wurzelreich zu lange fernbleiben. Schließlich tragen Sie Verantwortung für einen landwirtschaftlichen Kleinbetrieb, der keine Schlamperei duldet. Jedes Versäumnis wird mit mühseligem Unkrautjäten und Einbußen bei der Boskop-Bilanz geahndet. Mittlerweile sind über eine Million Mitglieder allein bei diesem Multi-Player-Game registriert. Das entspricht zwar erst einem Bruchteil der Aufschieber in Deutschland, ist aber ein guter Anfang.

Ein weiterer Vorteil: Wenn Sie sich das nächste Mal über Ihren Computer ärgern, dann belohnen Sie sich einfach mit ein paar sonnigen Stunden in Wurzeltal oder sonst einem fernen Land hinter den 7 Servern bei den 7 Zwergen …

Vielleicht spielen Sie weniger gern und es wäre Ihnen lieber, täglich von Ihrem Computer an Ihre Ausweichmanöver erinnert zu werden. Auch hier hat der Markt nicht geschlafen und sich einen ausgesucht paradoxen Service einfallen lassen. Die führenden Institute für angewandte Verrücktheit und praktische Lebensführung offerieren Ihnen einen kostenlosen Newsletter. Jeden Morgen flattert Ihnen ein Tipp zur Optimierung Ihres Zeitmanagements ins E-Mail-Postfach. Bis Sie den gelesen, verstanden und umgesetzt haben, dürfen Sie Ihren Urlaub einreichen. Machen wir den Praxis-Test: Wie lange brauchen Sie, um sechs A4-Seiten ausgedruckten Newsletter zu studieren? Bitte …

Der Tipp handelt vom Zeit sparen im E-Mail-Verkehr.

»Verschieben Sie jede eingehende Mail sofort in einen Ordner.«

In welchen Ordner?

»Wenn Sie noch kein Ordnungssystem haben, legen Sie eines an.«

Welches Ordnungssystem?

»Wählen Sie die Struktur A-, B-, C-Ordner nach Eisenhower …«

Der schon wieder.

» …oder legen Sie drei Ordner an: Administration, Dokumentation und Projekt nach Dr. Rita Pohle.«

Wie legt man denn für E-Mails Ordner an? Da muss ich warten bis mein Neffe kommt, der kann das bestimmt.

In meinem Posteingang befinden sich im Moment rund 3.000 Mails. Selbst wenn ich sie demokratisch auf drei Ordner aufteile, macht das nach Adam Riese 1.000 pro Ordner. Es macht natürlich keinen Sinn, sie demokratisch aufzuteilen. Also öffne ich jede Mail einzeln und analysiere ihren tendenziellen Charakter. Ist sie mehr ein A-Typ, eine Angelegenheit, die ich vor drei Monaten schon hätte erledigen müssen …

Das bringt mir nichts. Wenn ich nur lang genug warte, wird jede E-Mail zum A-Typ. Soll ich etwa jeden Tag die überfälligen Kandidaten von C nach B und von B nach A schaufeln? Ausgeschlossen.

Bleibt mir nur noch Frau Dr. Rita Pohle. 1.000 Mails Verwaltung, 1.000 Mails Doku und 1.000 Mails Projekt, das müsste doch zu schaffen sein. Nach einer Woche Fleißarbeit kommen bei mir vollkommen krumme Zahlen raus. Wer möchte schon 687 Mails bei den Projekten haben, die gegen die aalglatte 900 des Doku-Ordners anstinken?

Ich schreibe mir selbst 213 Projekt-Mails, um die 900 voll zu machen. Kaum bin ich fertig, zerschießen mir 87 neue Mails die Zahlen-Ästhetik. Das kann so nicht weitergehen. Ab jetzt schiebe ich die kosmetischen Maßnahmen nicht mehr auf. Ich reagiere ab heute sofort auf jede krumme Summe und fülle den Ordner mit den entsprechenden Mails an mich selbst auf. So viel Disziplin am Arbeitsplatz wird doch wohl möglich sein.

Wie gut, dass es zeitsparende Newsletter gibt.

Hege und pflege deine Zeitdiebe

Manchmal hätten wir sogar Zeit, eine dringende Aufgabe zu erledigen. Wenn wir Glück haben, kommt ein Dieb und stiehlt uns die Zeit, dann brauchen wir es nicht mehr zu machen. Erfahren Sie, wie Sie im Büro Vielredner anlocken oder mit einem Besuch auf der Post Ihren Jahresurlaub gefährden können und so weiter …

Was ist ein Zeitdieb? Ich möchte Ihnen das an einem Beispiel erklären: Sie haben ein Auto, das unbedingt gewaschen werden muss. Wenn jetzt jemand kommt, und das Auto stiehlt, ist das Auto weg und Sie müssen es nicht mehr waschen. Und genauso ist das mit der Zeit: Sie haben Zeit, um etwas Wichtiges zu erledigen. Wenn Sie Glück haben, kommt jemand und stiehlt Ihnen die Zeit. Dann ist die Zeit weg und Sie müssen es nicht mehr machen. Und im Büro wimmelt es nur so von Zeitdieben. Jeder hat doch einen Kollegen, den man nur anzutippen braucht, dann fängt der an zu reden und hört gar nicht mehr auf. Den können Sie freitags einfach stehen lassen und am Montag steht der immer noch da und quasselt. Aber wie bekommt man solche Kollegen morgens in sein Büro? Ich biete denen auch immer Kaffee an. Ich habe sogar schon überall so kleine Wegweiser aufgestellt: »Hier Kaffee!« Aber Kaffee reicht denen ja nicht mehr. Da muss man auf Dauer die Attraktivität der Getränke schon erhöhen. Mein Kollege im Nachbarbüro hat jetzt sogar eine Speisekarte auf den Flur gestellt: »Montag – Cocktailtag. Dienstag – Sushi im Angebot. Und mittwochs nach der Teamleiterbesprechung: Table dance.«

Um etwas Abwechslung in Ihren Zeitdiebe-Mix zu bringen, gönnen Sie sich ab und zu mal statt des Vielredners einen selbstverliebten Kollegen oder Bekannten. Der Vorteil bei diesen Menschen ist, dass sie es sowieso für selbstverständlich halten, Arbeit abzudrücken und sich von anderen bedienen zu lassen. Während diese Pappenheimer jeden eigenen Handgriff als Sensation verkaufen, sehen sie auf die Leistungen anderer missbilligend herab. Der Rest der Welt ist für den selbstverliebten Zeitdieb nur Fußvolk. Sie brauchen nur den Finger zu heben und der Bonsai-Charismatiker wird Sie mit Sonderaufgaben überschütten. Als Gegenleistung bietet er Ihnen bestimmt eine spätere Gewinnbeteiligung im Promillebereich an, denn er hat in diesem Leben noch Großes vor. Schon bald würde die Welt das verkannte Genie erkennen. Sie dürften bereits anfangen, Säcke zu nähen, um das Geld zu horten. Seine Geschäftsidee stehe kurz vor dem Durchbruch …

Die dritte Variante des organisierten Zeitdiebstahls fordert von Ihnen etwas Phantasie. Rekrutieren Sie Ihre *time bandits* in den eigenen Reihen, indem Sie jedem unaufgefordert Ihre Hilfe anbieten. Denken Sie vorausschauend und machen Sie möglichst verlockende Angebote. Achten Sie darauf, gegenüber dem anderen den enormen Zeitaufwand runterzuspielen, den Sie sich mit Ihrer »kleinen« Gefälligkeit aufhalsen:

»Ob ich jetzt ein Kind hüte oder sechs, wo ist denn da der Unterschied?«

»Ich muss sowieso in die Werkstatt, da bringe ich euren Fuhrpark auch geschwind zur Inspektion.«

»Ich habe schon bei so vielen Umzügen geholfen, da kannst du die anderen Helfer getrost wieder ausladen!«

Sollte Ihnen die Auswahl an Zeitdieben im Kollegen- und Bekanntenkreis zur Neige gehen, dann gönnen Sie sich doch einfach in der Mittagspause einen Ausflug in die Universität der Zeitdiebe: Die deutsche Post. Sie kommen rein und sehen sofort, hier wird das schöne alte Kinderspiel wieder neu aufgelegt: Die Reise nach Jerusalem. Sieben Leute stehen in der Schlange, aber Sie wissen genau, nur sechs kommen dran. Denn bei einem geht die Klappe hoch: »Dieser Schalter macht jetzt Pause.«

Das andere Spiel auf der Post heißt. »Wir bilden gerade aus.« Immer wenn ich zur Post komme, bilden die gerade aus. Diese jungen Menschen tragen einen Anstecker, auf dem steht: »Ich lerne noch.« Was für eine Übertreibung! Lernen hat doch etwas mit Bewegen zu tun! Wenn der junge Mann auf meiner Filiale sich schneller bewegen wollte, dann müsste er still stehen. Mit der Hektik eines Sonnenaufgangs versuchte er neulich ein paar Briefmarken zu addieren. Ich habe mir noch einen kleinen Scherz erlaubt und gesagt: »Machen Sie bei den Briefmarken den Preis ab, es soll ein Geschenk sein …« Da hat das Ganze noch länger gedauert.

Es gibt aber auch Tage, an denen noch nicht einmal die Zeitdiebe für Sie Zeit haben. Dann müssen Sie sich wohl oder übel die Zeit selbst stehlen.

Setze dir keine Ziele oder: Reite stehend auf zwei Gäulen!

Nicht jeder, der nach Indien fährt, entdeckt Amerika.
Erich Kästner

Ein Wanderer, der kein Ziel hat, kann sich nicht verlaufen. Und was lernen wir daraus? Ziellosigkeit ist auch ein Weg. Die Orientierung an der Orientierungslosigkeit hat ihren Charme. Nach kurzer Zeit wird der Wanderer ohne Ziel allerdings die Lust am Wandern verlieren. Schließlich schiebt er das Wandern auf. Erst ein überzeugendes Ziel könnte ihn der Wonne des Aufschiebens entreißen.

Das heißt unterm Strich: Ziele gefährden das Aufschieben. Sie geben unserem Handeln eine Richtung. Sie sind der Magnet, an dem sich die Kompass-Nadel unserer Aktivitäten ausrichtet. Die Psychologin Veronika Brandstetter von der Universität Zürich zählt Ziele zu den entscheidenden Motivationsfaktoren. Besonders gefährlich werden dem Aufschieben Ziele, zu denen eine starke Zielbindung besteht. Wie wäre es sonst zu erklären, dass viele sich sogar weit entfernte Ziele setzen.

Aber: Je weiter der Abschluss eines Vorhabens liegt, desto schwieriger fällt es, die nötige Ausdauer aufzubringen. Da wittern die Aufschieber wieder Morgenluft. Wenn Sie das Scheitern Ihres Vorhabens absichern möchten, legen Sie die Erfüllung Ihres Plans in die ferne Zukunft. Vielleicht haben Sie die Technik längst perfektioniert mit Vorsätzen des Kalibers:

- Eines Tages werde ich ein Musikinstrument lernen.
- Wenn ich mal Zeit habe, poliere ich mein Englisch auf.
- Ich wollte schon immer mal Fallschirm springen und so weiter …

Wer es mit dem Aufschieben ernst meint, entwickelt erst gar keine Ausdauer und lässt sich auch nicht von realistisch erreichbaren Meilensteinen irritieren. Brandstätter empfiehlt sogar, zielführende Handlungen mental durchzuspielen. Ein Probehandeln im Kopf soll der Tat den roten Teppich ausrollen. Solche Ideen können dem Aufschieben ganz schön gefährlich werden. In Kombination mit einem lohnenden Ziel kann es schnell passieren, dass die Umsetzung vor dem geistigen Auge so oft probiert worden ist, bis schließlich der erste Schritt real wird.

Doch auch, wenn der Stein ins Rollen gekommen ist, hat der bekennende Aufschieber noch ein As im Ärmel. Der erste Rückschlag kommt bestimmt. Ist es ihm bisher gelungen, sich von der Tugend der Ausdauer fernzuhalten, braucht er sich jetzt nur noch seine dünne Haut für Rückschläge zu bewahren.

Achten Sie bereits bei der Definition des Zieles darauf, es möglichst demotivierend zu formulieren. Wenn Sie dem Sog, sich ein Ziel setzen zu müssen, nicht standhalten können, dann gestalten Sie Ihr Ziel nach der SUMPF-Formel. Die Buchstaben der Abkürzung SUMPF bedeuten im Einzelnen:

S – Schwammig
U – Unmessbar
M – Manisch
P – Planlos
F – Folgenlos

Schwammig
Ihr Ziel sollte möglichst viel Freiraum für Interpretationen lassen. Falls später Klagen kommen, haben Sie die Aufgabe eben völlig anders verstanden.

Unmessbar
Der Fortschritt und Erfolg der Zielerreichung bleibt nur dann ein ewiges Mysterium, wenn sie bei der Definition jede Messbarkeit vermeiden.

Manisch
Manische Ziele sind so großartig und genial, dass sie uner-

reichbar bleiben. Da Aufschieber lieber an das Ergebnis denken als an die Umsetzung, sichert Ihnen ein unrealistisches Ziel schöne Träume und trübe Tage.

Planlos
Da die Art der Umsetzung nicht so interessiert, brauchen Sie sich nicht mit der Planung aufzuhalten. Es könnte dazu führen, die manische Qualität des Ziels zu gefährden.

Folgenlos
Von der Motivationsforschung haben wir gelernt, dass wir nur in die Puschen kommen, wenn uns eine Belohnung winkt oder eine Sanktion abschreckt. Warum sollte also Ihr Ziel das »Zuckerbrot« oder die »Peitsche« zur Folge haben?

Es gibt noch eine andere Methode, um Zielen ihre Schubkraft zu nehmen. Ein Beispiel aus Künstlerkreisen:

Frank Wedekind attestierte seinem Kollegen, dem Dichter und Revoluzzer Erich Mühsam, der sich zwischen Kunst und Politik nicht festlegen wollte: »Sie reiten stehend auf zwei Gäulen, die nach verschiedenen Richtungen streben ...«

Mühsam, der Autor von Werken wie »Die Psychologie der Erbtante. Eine Tanthologie aus 25 Einzeldarstellungen zur Lösung der Unsterblichkeits-Frage«, nahm es als Kompliment: »Immer, wenn man mich einen Don Quijote nannte, wusste ich, dass ich auf dem richtigen Weg bin.«

Der Vergleich Mühsams mit Don Quijote, der spanischen Romanfigur aus dem 17. Jahrhundert, ist für unser Thema sehr dankbar. Welches Ziel hat der Ritter von der traurigen Gestalt? Und vor allem: Wie geht er mit der Wirklichkeit um?

Der Anti-Held hat alle Ritterromane gelesen, ohne zu merken, dass es zu seiner Zeit gar keine Ritter mehr gibt. Schlimmer noch. Er nimmt die herzzerreißenden Abenteuer von kühnen Recken und wartenden Burgfräulein für bare Münze. Er hält die phantastischen Romane für Tatsachenberichte.

Eines Tages fühlt er sich zum Ritter berufen und zieht in die Welt hinaus. Alles, was er dort erlebt, sieht er mit den Augen eines Ritters aus einer längst untergegangenen Epoche. Er irrt ziellos umher in der Hoffnung, dass sich die Dinge von alleine fügen wie in den geliebten Kitschgeschichten. Seine einzige Orientierung ist der feste Glaube daran, dass sich sein Schicksal automatisch nach den Regeln seiner Märchenwelt fügt.

Nach unzähligen Episoden, die in der Regel mit heftigen Blessuren enden, gelangt er auf dem Sterbebett beschämt zu der Erkenntnis, dass die Ritterbücher doch Unsinn seien.

Der traurige Ritter hat es bis an sein Lebensende aufgeschoben, der Realität ins Auge zu sehen. Mit allen Mitteln klammert er sich an die Hoffnung auf ein glorreiches »Später«. Eine Illusion, von der er sich erst verabschiedet, als seine Lebensuhr abgelaufen ist.

Kennen Sie auch Menschen, die wie Don Quijote vergebens auf ihren großen Durchbruch warten? Sie pochen auf ihr Recht, von der Welt endlich die ideelle und finanzielle Anerkennung zu bekommen, die ihnen gebührt. Sie verzweifeln an der himmelschreienden Ungerechtigkeit, dass es andere schon geschafft haben und sie noch nicht. Wenn Sie diese Menschen fragen, was sie bisher zur Umsetzung Ihres Zieles beigetragen haben, lernen Sie die brillanten Vorzüge von manischen Zielen schätzen. Ihre Logik beinhaltet, dass grundsätzlich die anderen schuld an der Misere sind. Fragen Sie ein zweites Mal, warum der verkannte Ritter (oder die verkannte Ritterin) seine (ihre) Anstrengungen nicht dem hehren Ziel anpassen würde, kommt die wasserdichte Antwort: »Ich habe das nicht nötig. Warum soll ich *nicht* den einfachen Weg gehen?

Wenn Sie auch diese Vorzüge genießen wollen, dann wählen Sie sich ein manisches Ziel. So können Sie Ihr Aufschieben stets in den größeren Zusammenhang einordnen, dass Ihre große Stunde eben noch nicht gekommen sei.

Vielleicht liegt Ihnen die komplementäre Spielart mehr. Genauso gut funktioniert es nämlich, seine eigenen Leistungen herabzuspielen und dafür die Fähigkeiten der anderen überzubewerten. Entsprechend pessimistisch müssten Sie dann auch Ihre Zielerwartungen gestalten. Wenn Erfolg die Erfüllung von Erwartungen ist, würde Ihr Erfolg hier darin liegen, dass es genau so schlecht kommt, wie Sie erwartet haben. Doch bevor es zu theoretisch wird, machen Sie sich bitte mit der folgenden Jammer-Systematik einen Reim darauf.

Jammer-Systematik

Jeder jammert nach Belieben,
kreuz und quer ohne Konzept.
Es ist ein Jammer mit dem Jammer
ohne Qualitäts-Rezept.
Doch jetzt gibt es Regeln
für Mann und Frau,
hier kommt die Jammer-Systematik
aus dem Oberjammergau:

Frag dich morgens, was dir wehtut,
dir fällt bestimmt was ein.
Und dann suche dir Beweise:
dieser Tag kann gar nichts sein.

An der ersten Ampel
fängt die Verschwörung an,
wenn du kommst, muss er erröten,
der grüne Ampelmann.

Im Büro grüßt man dich freundlich,
du hast es überhört.
Schließlich wurde Rom
auch nicht an einem Tag zerstört.

Dein Projekt muss scheitern,
ist dir vorher schon klar,
weil dein letzter Erfolg
bestimmt ein Zufall war.

Wo bleibt die nächste Katastrophe,
die du schon lange vermisst,
denn nur bei Katastrophen
weiß man immer, was zu tun ist.

Plötzlich hast du die Erleuchtung
und du verstehst alles prompt:
Das Licht am Ende des Tunnels
ist nur der Zug, der dir entgegen kommt …

Lese, statt zu arbeiten, Erfolgs-Ratgeber

Die Jagd nach dem Glück macht unglücklich.

Die Einsicht ist gereift, am besten hier und jetzt ein auf die lange Bank geschobenes Thema anzupacken. Die Fenster sind geputzt, die Wohnung ist gesaugt und auch alle anderen Ablenkungsmanöver wurden absolviert. Was könnte Sie jetzt noch erfolgreich davon abhalten, die Aufgabe zu starten? Greifen Sie zu einem Ratgeber. Am besten wählen Sie ein Buch über die Verquickung von Selbstmanagement, Glück und Geld verdienen. So sichern Sie sich das gute Gefühl, Ihre Zeit sinnvoll zu vergeuden. Vielleicht offenbart Ihnen die Lektüre das letzte Puzzleteil, das Ihnen bisher zur Motivation gefehlt hat. Wer kann schon Bänden widerstehen mit so Erfolg versprechenden Titeln wie *Zwei Wochen älter in 14 Tagen*, *Vom Tellerwäscher zur eigenen Spülmaschine* oder *Die Zeit-Diät ohne Jojo-Effekt*. Mein absoluter Lieblingsratgeber heißt übrigens: *Liebe dich selbst und es ist egal, wen du heiratest*.

Was mich an diesen Ratgebern fasziniert, ist das Erkennen von bislang ungeahnten Zusammenhängen. Wer seinen Keller aufräumt, ist danach aufgeräumt im Oberstübchen. Wer im Schlaf abnimmt, hat am Tag mehr Zeit zum Essen. Und wer etwas beim Universum bestellt, muss auf die Lieferung eventuell bis zum nächsten Leben warten. Oder der Kosmos hat gerade keine Lesebrille zur Hand und gibt Ihren Lottogewinn versehentlich beim Nachbarn ab.

Dein Glück ist angeblich zum Greifen nah, wenn du nur bereit bist, all dein Denken und Handeln an eine einzige Richtschnur zu hängen. Nehmen wir den komplizierten Ansatz, sich sein Leben in allen Bereichen schonungslos zu vereinfachen. Du hast mehrere Bankkonten? Eines reicht. Du hast verschiedene Affären? Eine reicht. Du trägst immer noch zwei Socken? Eine reicht.

Doch mit dem Ausmisten in Haus und Hof sollte man sich nicht zufrieden geben. Als nächstes empfehlen die Aufräum-Gurus, den Bekanntenkreis zu entrümpeln und die Verwandten einer Inventur zu unterziehen: »Nehmen Sie Ihr Adressbuch zur Hand und streichen Sie alle Kontakte, die Sie seit einem Jahr nicht mehr frequentiert haben.« Dazu nur so viel: Ich wäre froh, wenn ich überhaupt ein Adressbuch hätte … Und weiter heißt es: »Machen Sie reinen Tisch, setzen Sie sich ans Telefon und kündigen Sie allen dubiosen Freunden die Freundschaft.«

Doch ich habe erstaunlich viele Bekannte, die mit diesen Rezepten erfolgreich sind. Holger hat als Freiberufler auf einmal mehr Aufträge, seit er seinen Dachboden leer geräumt hat. Steffi hat immer schon gerne aufgeräumt, findet aber nichts wieder. Ihr hat es geholfen, das Ordnungssystem mit Duftlampen zu unterstützen. Die Trefferquote beim Suchen sei zwar nicht gestiegen, dafür habe sie aber weniger Fliegen in der Küche. Horst sortiert seine Unterlagen nach dem tibetanischen Mondkalender. Er kann beschwören, dass er sich bei Vollmond wesentlich besser zurechtfindet als bei völliger Dunkelheit. Ich sollte mich ans Telefon setzen und diesen dubiosen Freunden die Freundschaft kündigen.

Der Psychologe Michael Mary hat die einschlägigen Erfolgsratgeber analysiert. Die meisten Glücksbibeln basieren seiner Meinung nach auf drei dummen Machbarkeitslügen: *Forever young, Erfolg ist planbar, Reichtum ist machbar*, und drei intelligenten Machbarkeitslügen: *Jeder Mensch schafft sich seine Realität selbst, Dein Wille entscheidet – du hast die Wahl, Du hast dein Glück in der Hand.*

Wenn Sie selbst mal einen Besteller dieser Sorte schreiben wollen, dann folgen Sie am besten folgendem Rezept. Man nehme eine Handvoll unstrittiger Tatsachen und verbinde sie schamlos mit dem Credo: Alles ist machbar. Ein hitverdächtiger Ratgeber zum Thema Zeitmanagement liest sich nach dieser Formel ungefähr so:

Wow! Du hast es endlich geschafft, dieses Buch zu lesen. Ich habe wirklich jeden einzelnen Leser auserwählt, weil dieses Buch nämlich nur Millionäre lesen. Du glaubst es nicht? Du hältst dich nicht für einen Millionär? Aber es stimmt wirklich. Du bist ein Zeit-Millionär!

Weißt du, wie viele Sekunden ein Tag hat? – 86.400. Das sind 604.800 Sekunden in der Woche und über 2,4 Millionen Sekunden im Monat. Und ich setze noch einen drauf. In einem Jahr verfügst du über sage und schreibe 29 Millionen 30.000 und 400 Sekunden. Was heißt, Millionär. Du bist ein Multimillionär.

Und was machst du mit deinen Zeitmillionen? Ausgeben – verschwenden – verschenken – du lässt sie dir stehlen!

Aber ab heute bist du der Boss über die Zeit. Du bestimmst, wie lange eine Stunde dauert. Du bestimmst, wann eine Woche um ist und wie lange die Sonne scheint. Du schaust ungläubig?

Machen wir ein kleines Experiment: Gehe in die Küche und nimm dir eine volle Flasche mit Mineralwasser und ein normales Trinkglas. Wie bekommst du den ganzen Inhalt der Flasche in das Glas, ohne dass ein Tropfen verloren geht? Trinken ist verboten. Man darf auch nicht warten, bis das Wasser verdunstet ist. Das Wasser darf auch nicht gefroren werden, um es senkrecht in das Glas zu stellen …

Was meinst du? Es geht nicht? Richtig. Es geht nicht! Das Glas zeigt uns, wie viel Zeit in die 24 Stunden eines Tages passt und in der Flasche befinden sich die Dinge, die wir alle an einem Tag erledigen wollen. Du siehst, für das, was du alles machen willst, ist dein Tag einfach zu kurz. Aber was ist die Lösung? – Weniger machen? – Den Rest in der Flasche lassen? – Auf keinen Fall, denn dann müssten wir ja auf etwas verzichten, was wir uns vorgenommen haben. Da hilft nur eins: Der 24-Stunden-Tag muss länger werden! Verlängern wir unseren Tag zum Beispiel auf 48 Stunden, dann schaffen wir nicht nur alles, sondern der nächste Tag wird sogar noch dementsprechend kürzer und wir haben dann quasi frei.

Was heißt das in der Praxis? Bisher hatte jeder deiner Tage nur 24 Stunden. Wenn du jetzt beschließt, dass dein Montag zum Beispiel 47 Stunden dauern soll, dann dauert der Dienstag dafür nur noch eine Stunde. Das reicht dir locker, um die Zeitung reinzuholen. Nach dem Zeitungslesen am Dienstag machst du einfach direkt mit dem Mittwoch weiter. Weil der Dienstag nur eine Stunde gedauert hat, bist du fit genug, um den Mittwoch auf 72 Stunden auszudehnen. Ich weiß, was du jetzt denkst: 72 Stunden am Mittwoch arbeiten? Das schaffe ich nicht.

Aber natürlich schaffst du das! Denn schließlich brauchst du ja am Donnerstag und Freitag nicht zu arbeiten, weil die nämlich wegfallen. Und zweitens ist nach dem Mittwoch direkt Wochenende und wenn am nächsten Tag direkt das Wochenende beginnt, ist man automatisch motiviert … Und so weiter.

Passend zu diesem Ratgeber gibt es das Geschenkset mit Teetasse, Glückstagebuch und vollwaschbarem Schnuffeltuch. Schon bald tauchen in der Stadt Plakate auf, die zur Teilnahme an einem Event zur beschriebenen Zeit-Stretching-Methode einladen. Der Autor sei sogar anwesend. Dies eröffnet uns einen der geheimen Königswege, seine Arbeit aufzuschieben: Besuche, statt zu arbeiten, ein paar mehrtägige Seminare. Ich habe bei einem Entschleunigungs-Institut einen Seminar-Gutschein gewonnen und muss mich auf der Stelle für einen Workshop entscheiden. Was nehme ich denn da?

- Heilfasten für Controller. In der Seminar-Gebühr von 10.000 Euro ist die Verpflegung enthalten.
- Yoga für Juristen
- Tantra und Teamarbeit (da kommt man sich mal näher)
- Schneller meditieren mit Franz von Assisi (Ich wusste gar nicht, dass der noch arbeitet.)
- Voodoo für den Vertrieb. Wir bauen unsere Kunden in kleinen Puppen nach und bearbeiten sie mit stichhaltigen Argumenten.
- Feng Shui für das Kreditwesen …

Kennen Sie Feng Shui? Das ist so eine Art spirituelles IKEA für Buddhisten. Man könnte auch sagen, Feng-Shui, das ist ein Horoskop für Möbel. Darf ich mal fragen, wo in Ihrem Büro der Schreibtisch steht? Vor dem Fenster? Das ist ganz schlecht! In Ihr Büro strömen doch jeden Tag Kunden, Kollegen und Mitarbeiter. Deshalb müssen Sie Ihren Schreibtisch direkt vor die Türe stellen, damit die negativen Energien erst gar nicht herein kommen!

Was nehme ich jetzt denn nun? »Den Wandel gestalten mit Basmati-Reis« oder »Beteiligte betroffen machen mit Brennnesseltee?« Jetzt habe ich es. Ich nehme das Seminar für alte 68er: »Vom LSD zum DSL …«

Zum Glück gibt es auch ernst zu nehmende Ratgeber, die sich sogar konkret der Prokrastination widmen. So lädt uns der Psychoanalytiker Hans-Werner Rückert ein in sein BAR-Programm.

B wie Bewusstheit,
A wie Aktion und
R wie Rechenschaft.

Diese griffige Formel erlaubt es, das mentale Handwerkszeug zur Überwindung von Arbeitsblockaden jeder Zeit bei sich zu tragen. Im ersten Schritt erschafft man Bewusstheit, indem man der Wahrheit ins Auge sieht: Ja, ich vertage es schon wieder, ein wichtiges Projekt voranzutreiben. Das kann ich drehen und wenden wie ich will. Im Ergebnis vermeide ich es, anzufangen, um mir unangenehme Gefühle zu ersparen. Da hilft im zweiten Schritt nur die wohl dosierte Aktion. Was muss ich wie lange tun, um ein Stück weiter zu kommen? Damit diese Phase nicht im guten Vorsatz stecken bleibt, schlägt die Stunde der Wahrheit ein zweites Mal, wenn man sich nach der Aktion selbst Rechenschaft über das Erreichte gibt.

Das Autoren-Tandem Kathrin Passig und Sascha Lobo (Passig, Lobo 2008) vertritt die Auffassung, dass unser lustorientiertes Schieben als normal bewertet werden sollte, während die Gesellschaft mit ihrem Leistungswahn vollkommen überzogene Forderungen an uns stellen würde. Die Chiffre LOBO dient hier auch als Abkürzung für den verteidigten *Lifestyle of Bad Organization*. Das Kompendium verheißt im Titel den Weg, wie wir »Dinge geregelt kriegen ohne einen Funken Selbstdisziplin«. Mit ihren ketzerischen Thesen schlachten sie so manche heilige Kuh der Aufschiebe-Forschung:

- **Schreckensszenarien**. Das Ausmalen düsterer Konsequenzen erweise sich laut klinischer Beobachtungen nicht als erfolgreich.
- **Angstlösende Medikamente** führten bei amerikanischen Studenten nicht zur Verbesserung ihrer Arbeitsprobleme.
- **Bewährte Prokrastinationstätigkeiten über Bord werfen** führe nur zu neuen Ersatzbefriedigungen, die an die Stelle der alten treten. Schlimmer noch: Bis man den bisherigen Arbeitslevel erreicht hätte, würden Wochen vergehen.
- **Gleich ab morgen alles anders machen.** Die Gute-Vorsätze-Forschung hätte belegt, dass vier bis fünf Anläufe für eine Verhaltensveränderung nötig seien.

Der eher lustbetonte Ansatz dieser Autoren ist ein würdiger Abschluss für den ersten Teil dieses Buches. Ich habe versucht, für den Spaß zu werben, den Aufschieben als wohl dosiertes Genussmittel bringen kann. Im zweiten Teil möchte ich für jene, bei denen bereits die Katerstimmung ausgebrochen ist, die Lust am Anschieben wecken.

Teil 2
Vom Aufschieben zum Anschieben

Burn in statt Burnout

Ein Gespenst geht um in Europa. Es ist das Gespenst des Burnouts. Wenn sich im Frühjahr 2010 die drei großen deutschen Nachrichtenmagazine dem gleichen Themenfeld annehmen (Burnout, Perfektionismus), dann ist das Thema in der Mitte der Gesellschaft angekommen. In dem zur gleichen Zeit veröffentlichten *Brief an mein Leben* beschreibt die Medienwissenschaftlerin Miriam Meckel eindrucksvoll, wie sich das Ausgebrannt-Sein anfühlt. Und wo es sie hingeführt hat. In einer therapeutischen Einrichtung wird sie zu fleißigem Nichtstun verdonnert. Das Entzugsprogramm für Workaholics.

Vom Burnout-Syndrom besonders betroffen sind Berufe wie Lehrer, Manager, Sozialarbeiter und Heimerzieher. Als der Begriff Burnout im Jahre 2007 noch weniger bekannt war, fühlten sich bei Umfragen fast nur Vertreter der Ober- und Mittelschicht davon betroffen. Heute ist das Etikett für den dauerhaften Erschöpfungszustand auf allen soziologischen Ebenen bekannt. Aktuelle Erhebungen bestätigen nun, dass der Burnout in allen Einkommensklassen zu finden ist.

Ich möchte Sie bitten, den von mir eingeführten Begriff »Anschieberitis« weithin bekannt zu machen. Mit etwas Glück werden sich bald weite Bevölkerungsteile damit identifizieren können.

Der sogenannte Burnout ist (noch) keine anerkannte Krankheit. Herbert Freudenberger, ein deutsch-amerikanischer Psychoanalytiker aus New York, wählte diesen Terminus 1974, um seinen eigenen Erschöpfungs-Symptomen einen Namen zu geben. Er diskutierte den Begriff mit Kollegen, die in helfenden Berufen arbeiteten. Dort fand die Umschreibung, die sich an die Psycho-Metapher von den »leeren Akkus« anlehnt, bis heute großen Anklang.

Was sind die ersten Anzeichen eines Burnouts?

Die Betroffenen klagen darüber, emotional chronisch erschöpft zu sein. Sie fühlen sich nicht mehr leistungsfähig. Sie wachen morgens um Drei auf und können nicht mehr einschlafen. Die Neigung, krank zu werden, steigt. So bauen zum Beispiel Manager Aggressionen gegen ihre Kunden auf, weil sie die Erwartungen nicht mehr erfüllen können.

Zu den Vorteilen der Aufschieberitis zählt, dass man den Leistungsdruck nur etappenweise an sich heran lässt. Vielleicht ist dies ja bewusst oder unbewusst auch eine Art, um einem Burnout vorzubeugen.

Beide Symptomfelder korrespondieren mit der Frage, unter welchen Bedingungen das Motivationssystem in unserem Gehirn aktiviert wird. Was muss geschehen, damit wir hirnphysiologisch die Lust verspüren, Leistung zu bringen?

Seit einigen Jahren weiß man, wodurch der Hauptbotenstoff Dopamin und die Hilfsbotenstoffe Oxitozin sowie körpereigene Opioide das Motivationszentrum in unserem Kopf stimulieren: Durch die Anerkennung und Beachtung von anderen Menschen.

Deshalb wäre dauerhaftes Nichtstun keine Lösung gegen einen Burnout. Die soziale Zuwendung, die man aufgrund seiner Leistungen erhält, muss nach einem Burnout neu und auf konstruktivere Weise organisiert werden.

Für unser Thema Prokrastination sind die hirnphysiologischen Erkenntnisse ein wichtiger Schlüssel. Je mehr es uns gelingt, für kurzfristige Rückmeldungen von unseren Auftraggebern zu sorgen, desto besser wird unser Motivationssystem mit Dopamin & Co versorgt.

Wenn Sie einmal genauer analysieren, welche Tätigkeiten Sie aufschieben, werden Sie sicher feststellen, dass es Aufgaben sind, die von Ihnen eine überdurchschnittliche Leistung verlangen. Es sind Projekte, die entweder sehr zeitaufwändig sind (Keller aufräumen) oder bei denen Sie Fehler machen oder gar scheitern könnten (Aufgaben für den Chef, Steuererklärung, Texte schreiben usw.). Trennen Sie die Spreu vom Weizen und verschaffen Sie sich Klarheit, in welchen Bereichen Sie aufschieben und auf welchem Sektor Sie bereits ein erfolgreicher Anschieber sind.

Zwei-Sorten-Test

	Wichtige Aufgaben, die ich *nicht* aufschiebe:	**Wichtige Aufgaben, die ich aufschiebe:**
1.		
2.		
3.		
4.		
5.		
6.		
7.		
8.		
9.		
10.		

In der Regel werden wir für unsere Leistung am Ende von anderen bewertet. Die Angst vor der Bewertung kann die Motivation, eine Arbeit überhaupt erst anzufangen, vollständig lähmen. Als verkappter Perfektionist macht ein Aufschieber eine Sache lieber gar nicht, als eine Niederlage zu riskieren. Erfahrungsgemäß ist deshalb der Beginn einer unliebsamen Aufgabe die größte Hürde, während die weitere Umsetzung wesentlich besser zu bewältigen ist. Gegen die Aufschieberitis erhalten wir somit zwei Stellschrauben:

1. Wie passe ich meinen Anspruch an das Mögliche an bzw. wie setze ich mir ein realistisches Ziel?
2. Was ist der erste und kleinste Schritt, um mein Projekt zu beginnen?

(1) Tatsächlich lohnt es sich, mit folgenden Fragen vor einem Projekt den Anspruch an sich selbst zu klären.

- Welches Ergebnis ist unter den spezifischen Rahmenbedingungen realistisch?
- Welche Fehler darf ich mir erlauben?
- Welche Möglichkeiten habe ich nachzubessern?
- Welche Qualität erwartet der Auftraggeber?
- Woran misst der Auftraggeber den Erfolg?
- Was kann im schlechtesten Fall passieren?

Diese grundlegende Selbstklärung erspart Ihnen während der Erledigung eines Vorhabens überraschende Störfeuer, mit denen ein überzogener Selbstanspruch Ihr Ziel sabotieren könnte. Kommt es doch zu einer Krise, in der Sie Ihr Perfektionismus in tiefste Zweifel stürzen will, können Sie oft mit verblüffend einfachen Weisheiten die Welt wieder zurechtrücken:

- Andere kochen auch nur mit Wasser!
- Es wird nichts so heiß gegessen wie es gekocht wird!
- Das haben schon ganz andere geschafft!
- Es ist bisher noch immer gut gegangen!
- Mehr als mein Bestes tun kann ich nicht!
- Wenn ich bedenke, was ich bisher alles geschafft habe, dann schaffe ich das hier erst recht!

Was hier auf den ersten Blick wie allgemeine Durchhalteparolen aussieht, vermittelt Ihnen auf den zweiten Blick das richtige Maß für die Lösung der Aufgabe. Ihr innerer Dialog wird auf das Mögliche und auf Ihre Talente und Erfolge gelenkt. Aus dieser Perspektive können Sie das bereits Erreichte als Kraftquelle nutzen und von illusorischen Zielen Abschied nehmen.

Ihre Trophäensammlung
Das Anschieben fällt leichter, wenn man seine zermürbenden Gefühle und Gedanken vom Kaliber »warum bin ich nur so unfähig« mit seinen Leistungen aus der Vergangenheit abgleicht. Wie waren unsere Erfolge bloß möglich? Zu schnell nehmen wir die bereits errungenen Siege als selbstverständlich hin.

Wurden Ihre Lehrer etwa bestochen, um Ihnen den Schulabschluss zu geben? Oder haben Sie diese Leistung aus eigener Kraft erbracht? Ihre Ausbildungsurkunde lag nicht als Lottogewinn im Briefkasten. Sie meisterten Ihre Lehre bzw. Ihr Studium selbst. Und die Menschen, die Sie heute loben und schätzen, sind bestimmt keine bezahlten Auftragsheuchler.

Sofern sich unsere bisherigen Lebensleistungen nicht in sichtbaren Zeichen und Symbolen spiegeln, fällt es uns schwer, ein Gefühl für unsere Fähigkeiten zu entwickeln. Unter Jägern ist es üblich, sich die Wände mit Jagdtrophäen zu schmücken. In Jagdschlössern finden sich sogar ganze Räume für diesen Zweck. In der Filmbranche demonstrieren Trophäen wie Oscars, silberne Bären und goldene Rehe das Können des Künstlers.

Für Ihre Trophäensammlung könnten Sie sich ein Erfolgsbuch anlegen, in dem Sie alle Herausforderungen, die Sie schon durchgefochten haben, eintragen. Als Siegeszeichen taugt auch ein schöner Gegenstand, den Sie sich zur Belohnung für ein gelungenes Resultat gönnen. Eine Musik-CD, eine kunstvolle Figur, ein faszinierendes Bild, ein spannendes Buch und so weiter. Diese Erinnerungsstücke müssen keinen hohen materiellen Wert haben. Vielmehr geht es darum, dass Sie mit einem Blick auf Ihr Trophäen-Regal die Kraft für neue Ufer schöpfen können.

Top Ten: Meine Trophäen

Nutzen Sie die Chance, sich mit dieser tabellarischen »Ruhmeshalle« eine wertvolle Ressource für Ihre nächsten Aufgaben zu schaffen. Bevor Ihr Selbstwertgefühl beim Aufschieben von abwertenden Gedanken verfinstert wird, vergewissern Sie sich einfach in Ihrer *Hall of Fame*, zu welchen Triumphen Sie bereits fähig waren.

	Meine Trophäen *Auf diese Leistung bin ich besonders stolz.*	**Meine Fähigkeiten** *Um dieses Ziel zu erreichen, habe ich folgende Fähigkeiten unter Beweis gestellt.*
1.		
2.		
3.		
4.		
5.		
6.		
7.		
8.		
9.		
10.		

(2) Aufschieber neigen dazu, ihre Aufgabe vom Ende her zu denken und nicht vom Anfang. Das ist so, als würde man versuchen, am Fuße einer Treppe die oberste Stufe als erste zu nehmen, anstatt mit der untersten anzufangen.

Die erste Stufe eines Projekts lässt sich leichter nehmen, wenn sie besonders gut definiert ist:

- Was genau beinhaltet der erste Schritt?
- Woran kann ich messen, dass ich den ersten Schritt getan habe?
- Wie lange werde ich für den ersten Schritt brauchen?
- Welche genaue Zeit und welchen genauen (ungestörten!) Ort lege ich für den ersten Schritt fest?
- Womit belohne ich mich, wenn ich den ersten Schritt gemeistert habe?

Beispiel:
Lars Lustig muss eine Power-Point-Präsentation vorbereiten. Seit Wochen schiebt er es vor sich her, denn bei dem Gedanken, dass er am Ende vom Chef einen abfälligen Kommentar ernten könnte, ist er wie gelähmt.

Ideen hat er schon im Kopf, aber aufschreiben konnte er noch nichts. Nachdem ihm dieser Ratgeber in die Hände fiel, definiert er den ersten realistischen Schritt, um anzufangen. Er möchte es als erstes schaffen, ein weißes Blatt Papier zu nehmen und alle seine Ideen für die Präsentation stichwortartig aufzuschreiben. Er legt hierzu 30 Minuten fest und einen genauen Termin, wann er es machen möchte.

Als er zum festgelegten Zeitpunkt beginnt, hat er mit Widerstand zu kämpfen. Er beruhigt sich mit der Gewissheit, nach 30 Minuten (mit gutem Gewissen!) aufhören zu dürfen.

Die ersten Notizen fließen, ein Gedanke ergibt den anderen und am Ende sitzt er zwei Stunden, bevor er sich mit der ersten Tasse Kaffee belohnt…

Sollte nach dem ersten Schritt die alte Lähmung wieder eintreten, lässt sich das Verfahren auf jeden weiteren Schritt anwenden.

Wie Sie Ihre Aufschiebe-Techniken erkennen und überlisten

Mögen hätt' ich schon wollen,
aber dürfen habe ich mich nicht getraut.
Karl Valentin

Eine faszinierend wirkungsvolle Methode, um Ihre Aufschiebe-Techniken zu erkennen, ist das Beantworten der Frage: Was kann ich alles tun, damit mein Projekt scheitert?

Beispiel:
Unser Freund Lars Lustig schreibt Folgendes auf seine Antwort-Liste:

- *Zu spät anfangen!*
- *Den Chef nicht nach seinen Erwartungen fragen!*
- *Mir viel zu viele andere Aufgaben aufladen!*
- *Jede Zeitplanung vermeiden!*
- *Keine Prioritäten setzen!*
- *Keine Aufgaben delegieren!*
- *Keinen Rat von anderen einholen!*
- *Keine Beispiele auswerten, wie andere ähnliche Aufgaben gelöst haben!*
- *Lieber angenehmere Aufgaben erledigen!*
- *Keine Teilergebnisse definieren, an denen ich den Fortschritt des Projekts messen könnte!*
- *Anderen niemals Nein sagen!*
- *Unrealistisch (oder am besten gar nicht!) einschätzen, wie lange eine Tätigkeit dauert!*

- *Zeitdiebe kultivieren und pflegen (Menschen ansprechen, die nicht aufhören zu reden. Oder: Technische Probleme dramatisieren und stundenlang bekämpfen usw.)*
- *Jede Ablenkung dankbar annehmen oder selber schaffen! (Internet-Surf-Odysseen, Einkaufen usw.)*

Sie könnten die Aufzählung sicher noch phantasievoll fortsetzen, aber auf Ihrer persönlichen Liste stehen bestimmt andere Schwerpunkte und »Geheimwaffen«. Gerade Ihre persönlichen Spezialitäten zur Ablenkung ergeben ein aufschlussreiches Verzeichnis über Ihre individuellen Flucht-Techniken. Aufschieber, die ernsthaft zu Anschiebern werden wollen, legen sich diese Sammlung auf den Schreibtisch. Sobald der Impuls kommt, eines der verzeichneten Ablenkungsmanöver zu starten, reflektieren Sie Ihr Verhalten. Die Kunst ist es nun, aus der »Sündenliste« eine »Belohnungsliste« zu machen. Für jeden erreichten Meilenstein auf dem Weg zum Ziel darf sich der Anschieber zur Belohnung etwas auf der »Spezialitäten-Karte« aussuchen.

Die Ohnmacht der Gewohnheit: Von Aufschiebe- und Anschiebe-Ritualen

Ich habe keine Rituale – bis auf Sachen,
die man immer wieder gleich macht.
Michael Ballack

Was wäre wohl dabei herausgekommen, wenn der rheinische Lehrer Bömmel aus dem Heinz-Rühmann-Film »Die Feuerzangenbowle« statt der Dampfmaschine, das Thema Rituale durchgenommen hätte?

Wo sind wir denn dran? Ah ja: Heut haben wir dat Ritual. Wat is en Ritual? Da stellen wir uns mal janz dumm und sa-

gen, en Ritual, dat is ne Markierung zwischen dem einem Zeit-Abschnitt und dem anderen. Dat klingt jetzt en bisschen theoretisch, aber dat kennen wir alle aus dem Alltag. Wenn wir jemanden treffen, dann fängt dat mit dem Ritual der Begrüßung an. Dat Begrüßungsritual markiert den Beginn von dem Zeitraum (zieht den Schuh aus) und dat Ritual der Verabschiedung markiert dat Ende von dem Zeitraum (zieht den anderen Schuh aus und stellt ihn daneben).

Wer sich mit den Ritualen besonders jut auskennt, dat is die Kirch. Bei der Konfirmation oder der Firmung, da wird der Überjang vom Jugendlichen zum Erwachsenen gekennzeichnet. Dafür jibbt et jenau festgelegte Rituale, damit man die Markierung auch ernst nimmt … Ihr merkt bestimmt schon, wo der Hase hin hoppelt: Rituale jeben uns von morjens bis abends Halt und Orientierung und machen dat komplizierte Leben einfacher …

Rituale gehören zu jeder Kultur. Sie stiften Identität, festigen den Glauben, gestalten Übergänge zwischen den Lebensphasen und zelebrieren Abschiede. Rituale werden von Generation zu Generation überliefert und modifiziert. Taufe, Hochzeit und Beerdigung sind typische Beispiele, bei denen ritualisierte Handlungen die Meilensteine auf der Lebensbahn mit Sinn aufladen. Doch auch jenseits der Tradition werden täglich neue Rituale kreiert. Bei Preisverleihungen, Staatsempfängen oder zur Beendigung eines Ehekrachs.

Auch beim Aufschieben folgen viele der eingeschliffenen Ersatzhandlungen einem rituellen Muster. Vielleicht nutzen Sie bisher schon eine individuelle Kette von Ritualen, um aufzuschieben. Kaffee holen, den Kontostand prüfen, E-Mails löschen, Ordnung machen, ein paar Leute anrufen … Diese Ritual-Kette läuft bei vielen automatisch ab, sobald sie sich einer lästigen Pflicht widmen wollen.

Eingefleischte Rituale schützen nicht nur vor dem Anfangen, sondern sie können auch gezielt für den Anfang des Anfangs eingesetzt werden. Der Ulmer Lerncoach Ulrich Auer empfiehlt in seinen Uni-Seminaren folgendes Anschiebe-Ritual. Vor dem Arbeiten werden alle Gegenstände, die auf dem Schreibtisch liegen, in speziell dafür bestimmte Kisten sortiert. Privates kommt in die private Schachtel und das Material für verschiedene Projekte in die jeweiligen Projekt-Behälter. So markiert man mit ritualisiertem Handeln den Übergang zur Arbeitsphase (und gewinnt nebenbei noch Platz). Der Tisch ist leer geräumt und darf außer einem Schreibblock, einem Stift und den nötigen Unterlagen nichts mehr aufweisen. Die Gedanken, die zu privaten Themen in dieser Phase vorbei schwirren, landen auf einem Notizzettel, der in die private Kiste fliegt. Am Ende der vorher definierten Zeiteinheit, werden die Utensilien in die zuständige Projekt-Kiste gepackt und die privaten Gegenstände dürfen wieder den Schreibtisch bevölkern. Mit gleicher Konsequenz verteidigt man den Freizeitbereich. Wird die Pause oder das Privatleben von Gedanken an die Arbeit verwässert, schreibt man diese einfach auf einen Zettel und die Arbeitskiste bekommt Post. Wer sich einmal das Experiment gegönnt hat, in der freien Zeit nichts leisten zu dürfen, weiß seine Arbeitszeit ganz anders zu schätzen.

Die oft so löchrige Grenze zwischen Beruflichem und Privatem, Arbeit und Freizeit, Ernst und Vergnügen kann besonders gut durch Rituale geschützt werden. So wechseln viele nach Feierabend die Klamotten, um den Tag von sich abzustreifen. Zur Abgrenzung vom Job taugen auch Tabus. Sicher kennen Sie auch Ehen oder Partnerschaften, in denen zu Hause nicht übers Geschäft gesprochen werden darf. Was würde eigentlich konkret passieren, wenn Sie am Wochenende für Kollegen nicht mehr erreichbar wären und sich den Blick ins berufliche E-Mail-Postfach verkneifen würden?

Ihre bereits vorhandenen Aufschiebe-Rituale bieten Ihnen eine Steilvorlage, um daraus Anschiebe-Rituale zu entwickeln. Lassen Sie vor dem von Ihnen gewünschten Arbeitsbeginn Ihren Leistungsmotor mit rituellem Aufschieben warm laufen. Nutzen Sie Ihr bisheriges Repertoire an Ersatzhandlungen, um Anlauf auf die Schwelle zur Arbeitsphase zu nehmen. Es funktioniert am besten, wenn Sie die Zeit, die Sie maximal für die Anschiebe-Riten aufwenden möchten, genau eingrenzen. Nach der wohltuenden Tagesdosis Aufschieberitis, nehmen Sie die erste oder nächste Etappe auf dem Weg zu Ihrem Ziel.

Welche Aufschiebe-Rituale können Sie als Anschiebe-Rituale nutzen?

	Meine Aufschiebe-Rituale *(Die Kette von Dingen, die ich als erstes tue, anstatt anzufangen.)*	**Als Anschiebe-Ritual einsetzbar (bitte ankreuzen)** *(Das könnte ich 5 Minuten lang zur Einstimmung auf die Aufgabe tun.)*
1.		
2.		
3.		
4.		
5.		
6.		
7.		
8.		
9.		
10.		

Ich merke schon, wie Sie nervös mit den Seiten rascheln, weil Ihnen die Idee mit den trennscharfen Ritualen die Spielfreude verdirbt. Doch die Strukturen von Spielen und Ritualen haben sogar viel gemeinsam. Ein Spiel lebt von klaren Regeln und Ausnahmen, einem fest abgesteckten Spielfeld und definierten Mitspielern. Die Spielzeit endet, wenn das Ziel des Spiels erreicht ist oder der Zeitrahmen ausgefüllt wurde. Und das Überraschende: Der freiwillige Zwang, den Spielraum zu nutzen, macht sogar noch Spaß.

Interessanterweise wird das Aufschieben bei den meisten sehr gut ritualisiert. Sollte bei Ihnen die Entscheidung, ein neues Leben als Anschieber zu beginnen, felsenfest stehen, können Ihnen Rituale helfen, den Übergang zu meistern. Es gibt Selbsthilfegruppen für Menschen mit Arbeitsstörungen, die sich an das Konzept der Anonymen Alkoholiker anlehnen. Hier lernt man unter anderem, den Tag mit einer ritualisierten Meditation zu beginnen. Dieser Termin mit sich selbst bietet jeden Morgen die Gelegenheit, seinem Aufbruch zu neuen Ufern den Weg zu ebnen. Ich möchte hier nur Anregungen geben, die keiner festgelegten Lehre folgen.

So lässt sich an einem festgelegten und ungestörten Ort eine Kerze entzünden, deren warmer Schein die Meditation zeitlich und räumlich markiert. In bequemer Haltung genießt man die stille Einkehr am besten. Eine »heilige« und heilsame halbe Stunde gehört nur dem Abschied nehmen vom Alten und der Vorbereitung auf das Neue.

Hilfreiche Gedanken und Fragen zur Meditation liefern diese sieben Punkte:

1. Mir ist bewusst, dass ich ein Aufschiebe-Problem habe.
2. Ich habe mich entschieden, von meinen alten Gewohnheiten Abschied zu nehmen und ein neues Leben zu beginnen. Der Preis des Aufschiebens ist mir zu hoch geworden.
3. Ich weiß, dass ich dieses Ziel nur erreiche, wenn ich all

meinen Willen, meinen Mut und meine Kraft zusammennehme, um Arbeitsblockaden zu überwinden.
4. Ich lasse mich von Rückschlägen nicht entmutigen. Dafür ist mir mein Ziel zu wichtig.
5. Welche messbare Aufgabe wollte ich gestern auf jeden Fall erledigen bzw. welches messbare Etappenziel wollte ich gestern auf jeden Fall erreichen?
6. Woran lag es, dass ich es (nicht) erreicht habe?
7. Was bedeutet das für die Erledigung der messbaren Aufgabe bzw. des messbaren Etappenziels, das ich mir für heute vorgenommen habe?

Wenn Sie Ihren Neuanfang mit kraftvollen Symbolen und Ritualen bestärken möchten, sind Ihrer Phantasie keine Grenzen gesetzt. Von der Verschönerung Ihres Arbeitsplatzes mit neuen Möbeln, Bildern und Arbeitsutensilien über die Einführung eines sinnvollen Ordnungssystems bis hin zu festen Anschiebe-, Kontroll- und Belohnungsritualen.

Die »magischen« Erkennungszeichen Ihres Richtungswechsels sollten stark genug sein, dass Ihnen auch Rückschläge nicht den frischen Wind aus den Segeln nehmen können. Doch auch hier gilt: In der Dosis liegt das Gift. Prüfen Sie Ihre guten Vorsätze auf Machbarkeit. Kreieren Sie lieber eine Handvoll Rituale, die Sie wirklich umsetzen werden, als sich in das Wolkenkuckucksheim der Selbstüberschätzung zu flüchten.

Tipps zum Erschaffen von Ritualen

Die Vorbereitung

Ein Ritual beginnt bereits mit der Vorbereitung. So wie das Schmücken der Braut und viele andere Vorkehrungen die Trauung schon im Vorfeld einleiten, bahnt sich der ritualisierte Akt des Anschiebens frühzeitig an. Wenn Sie sich zum Beispiel morgen um 9.00 Uhr an den Schreibtisch setzen möchten, um eine Stunde an Ihrem Projekt zu arbeiten, stimmen Sie sich heute schon auf die konkrete Situation ein. Legen Sie alle Unterlagen und Hilfsmittel zurecht, die Sie zum reibungslosen Arbeiten brauchen. Spielen Sie vor Ihrem geistigen Auge das Szenario durch, mit welchen Anschiebe-Ritualen Sie den »heiligen« Raum Ihres Schaffens von den anderen Zeiten und Räumen in Ihrem Alltag abgrenzen möchten.

Die rituelle Inszenierung der Abgrenzung
Zum inspirierenden Vergleich: Zu den fein gesponnenen Ritualen der Freimaurer zählt es, dass ein Wächter die sakrale Arbeit der Bruderschaft im Tempelraum vor unbefugten Lauschern und Eindringlingen schützt. Bevor die anliegenden Themen in der Loge behandelt werden, vollzieht sich eine Reihe von Ritualhandlungen, welche die Konzentration auf den Sinn und Zweck der Zusammenkunft lenken.

Sie brauchen sich keine Leibgarde zuzulegen, die Ihre Türen belagert. Dennoch lohnt es sich, alle denkbaren Störungen von langer Hand auszuschalten. Zu den Anschiebe-Ritualen könnte zählen, das Telefon umzuleiten, die Türklingel abzuschalten und das E-Mailpostfach zu schließen. Selbst im Büro gibt es Möglichkeiten, sich abzuschotten.

Welche Rituale könnten Sie nun innerhalb von einer Viertelstunde noch dazu bringen, sich für Ihre bedeutende Aufgabe gebührend zu sammeln? Wählen Sie etwas, das Sie mit guten Gefühlen verbinden. Vielleicht das Zubereiten Ihres Lieblingstees in Ihrer Lieblingstasse, das Hören Ihres Lieblingsliedes, die wohltuende Erinnerung an Ihre größten Erfolge, oder Sie malen sich die guten Gefühle aus, die Sie nach der Erledigung Ihrer Aufgabe erwarten.

Beim Schreiben dieses Buches brennt auf dem Schreibtisch übrigens meine »Arbeitskerze« und über meinem Schreibtisch hängt das Plakat eines von mir verehrten Literaten.

Das rituelle Verlassen der Abgrenzung
Das Ende Ihrer Arbeitseinheit verdient es ebenfalls, rituell gewürdigt zu werden. Sie markieren damit den Wechsel vom rituell geschützten Zeitraum der Arbeit zu den anderen Handlungsfeldern in Ihrem Leben. Eine Variante wäre, die »Arbeitskerze« zu löschen, die Rufumleitung auszustellen und den Schreibtisch wieder mit privaten Dingen zu füllen.

Experimentieren Sie, welche einfachen aber wirkungsvollen Ritualisierungen am besten zu Ihnen passen. Ihre Rituale sind dann erfolgreich, wenn Sie Ihnen helfen, einen festen Rhythmus zu finden. Ihre abgrenzende Kraft kann Sie unterstützen, den rituell geschützten Raum für Ihre Arbeit auch innerlich zu genießen.

Erfolgreich verhandeln mit dem Äußeren Schweinehund

Eine Hand wäscht die andere.

Nein, das ist kein Druckfehler. Ich rede wirklich vom »Äußeren Schweinehund«. Bisher hat die Phantasie ganzer Ratgeber-Generationen ausgereicht, sich einen »Inneren Schweinehund« vorzustellen. Da wird es doch ein Leichtes sein, sich das gleiche Fabeltier einfach außerhalb unseres Körpers zu imaginieren. Ich habe dafür gute Gründe. Die Konstruktion eines inneren Störenfrieds, der uns wie ein Poltergeist zum Opfer seiner unberechenbaren Attacken macht, lässt uns wenig Handlungsspielraum. Wir können uns niemals vom »Inneren Schweinehund« entfernen. Denn das Bild verlangt ja, ihn wie Herz und Nieren im Körper zu tragen. Wir dürfen den »Inneren Schweinehund« auch nicht verhungern lassen, denn dann stürbe – wie gemein – ein Teil von uns.

Ich werbe deshalb dafür, dass Sie sich Ihren »Äußeren Schweinehund« vorstellen: Da liegt er vor Ihnen auf seiner

Hundedecke und will Sie animieren, eine Aufgabe nicht anzufangen oder fortzusetzen. Je näher Sie ihm kommen, desto mehr erliegen Sie seinem Hundeblick, der Sie alle Pflichten vergessen lässt. Je weiter Sie sich von ihm entfernen, desto freier werden Sie von seinem Bann. Natürlich sind Hunde nicht dumm. »Äußere Schweinehunde«, die sprechen können, schon gar nicht. Sie winseln herzzerreißend, wenn sie sich vernachlässigt fühlen.

Was sagen Sie zu Ihrem jammernden »Äußeren Schweinehund?« Wie trösten Sie ihn? Mit welchen Versprechen handeln Sie mit ihm die Zeit aus, in der Sie ungestört Ihre Ziele verfolgen können?

Wenn Sie für bildhafte Selbst-Coaching-Techniken offen sind, erhalten Sie mit dem »Äußeren Schweinehund« einen kompetenten Verhandlungspartner, wenn es um das Auf- bzw. Anschieben Ihrer Vorhaben geht. An die Stelle der lähmenden Arbeitsstörung tritt vor Ihrem geistigen Auge der »Äußere Schweinehund«. Jetzt sind Sie nicht mehr Opfer Ihres Problems, sondern treten als Täter in ein Lösungs-Szenario ein. Testen Sie in der traumartigen Szene, wie sich Nähe und Distanz zum »Äußeren Schweinehund« auf Ihr Gefühl auswirken. Erfahren Sie, welche Dialoge und Handlungen Ihnen die Souveränität gegenüber dem »Äußeren Schweinehund« zurückgeben.

Bewährt haben sich gleichberechtigte Verhandlungen, in denen die Bedürfnisse beider Parteien berücksichtigt werden. Hier scheint es eine Parallele zur realen Tierwelt zu geben: Ein Hund, der genau weiß, wann sein Frauchen oder Herrchen für ihn Zeit hat, benimmt sich nicht mehr wie ein Schweinehund und macht sich unsichtbar, bis die Arbeit getan ist …

Verhandlungstricks aus der Schweinehundeschule

Argument des Äußeren Schweinehunds	Argument des Schweinehundeführers
Morgen ist auch noch ein Tag.	Das sagst du morgen auch. Es wird dir nicht gelingen, mir einzureden, dass es morgen leichter ist anzufangen als heute.
Du bist nicht in der richtigen Stimmung.	An die richtige Stimmung glauben doch nur Schweinehunde. Die richtige Stimmung gibt es nicht. Du weißt genau, dass ich zum Anfangen nie in der richtigen Stimmung bin.
Du bist erwachsen! Wenn du keine Lust hast, kann dich niemand zu etwas zwingen.	Denke doch mal an das Ergebnis: Was unterscheidet mich dann von einem trotzigen Kind? Am Ende bin ich kein Stück weiter gekommen und wieder auf das Verständnis und die Hilfe anderer angewiesen.
Du hast doch noch so viel Zeit.	Das sagst du jedes Mal! Das sagst du auch noch, wenn die letzte Minute längst angebrochen ist. Und das nur, weil du eifersüchtig bist. Du kannst es nicht ertragen, dass ich stressfrei zeigen kann, was ich drauf habe. Du willst mich doch nur für dich haben.
Du bist doch nur unter Zeitdruck richtig gut.	Eben. Wenn ich mit dem Rücken zur Wand schon so gute Ansätze habe, wie gut muss ich dann erst sein, wenn ich die Ansätze in Ruhe ausarbeiten kann.
Ein alter Hase wie du hat es doch nicht nötig, so viel Zeit in die Aufgabe zu stecken. Das schüttelst du doch einfach aus dem Ärmel.	Man kann nur das aus dem Ärmel schütteln, was man vorher hinein gesteckt hat. Alte Hasen bereiten sich professionell vor. Als Profi nehme ich mir nicht die Dinge, die Zeit brauchen, sondern die Zeit, die die Dinge brauchen.

Argument des Äußeren Schweinehunds	Argument des Schweinehundeführers
Du kannst mir erzählen, was du willst. Unterm Strich fängst du doch nicht an. Keiner kennt dich so gut wie ich.	Genau auf diese Arroganz von dir habe ich keine Lust mehr. Ich weiß, dass es für mich eine anspruchsvolle Herausforderung ist, aber ich weiß auch, dass ich dir den Triumph nicht gönne. Du kannst dich ja noch nicht mal zwischen Schwein und Hund entscheiden.
Du wirst immer spießiger. Schreibst du dir jetzt auch in den Kalender, wann du dir die Zähne putzt?	Du wirst immer kindischer. Sobald ich etwas für meinen Erfolg tue, schlägst du unter die Gürtellinie wie ein kleines Kind. Du kannst es wohl nicht ertragen, dass ich in Zukunft weniger Zeit für dich haben werde.
Lass dich von dem Leistungsdruck doch nicht einfangen. Hast du denn vergessen, wie viel Spaß das Leben machen kann? Jede Minute ohne Spaß ist eine verlorene Minute. Lasse alles stehen und liegen und mache dir mit mir eine gute Zeit.	Alter Rattenfänger. Seit wann führt denn der Hund sein Herrchen Gassi? Ich dachte, es sei umgekehrt. Ich bin es mittlerweile gewohnt, dass du mir alle Argumente der Welt einflüstern willst, die nur eins zum Ziel haben: Vermeide die Konfrontation mit dem Notwendigen und betäube dich mit allem, was angenehmer ist. Auch wenn ich deiner Strategie nicht immer standhalten kann, so habe ich sie doch durchschaut.
Okay, wenn du unbedingt schuften willst: Du musst doch noch so viele andere Dinge erledigen! Du kannst es dir im Moment gar nicht leisten, mit dem Wichtigsten anzufangen.	Ach, auf einmal stachelst du mich an, etwas zu tun? Aber das Falsche? Genau jetzt hätte ich dich als Wachhund gebrauchen können. Ich erwarte von dir, dass du anschlägst, wenn ich mich mit den weniger wichtigen Dingen ablenke. Du hältst mich doch sonst auch so gut von Aufgaben ab.

Argument des Äußeren Schweinehunds	**Argument des Schweinehundeführers**
Junge, übernimm dich nicht, die Aufgabe ist viel zu anstrengend.	Wer sagt denn, dass ich die Aufgabe an einem Stück erledige? Ich schiebe mir beim Essen die Pizza doch auch nicht am Stück in den Mund. Die schneide ich mir in mundgerechte Häppchen.
Mach' dir doch nichts vor, du weißt doch gar nicht, wo du anfangen sollst!	Mache du mir nichts vor. Es kann schon sein, dass ich im Moment den Anfang noch nicht weiß. Aber was machst du, wenn ich einfach irgendwo anfange und dann weitersehe, damit ich mir deine Sticheleien nicht mehr anhören muss?
Ich habe eine schlechte Nachricht für dich: Du kannst unmöglich anfangen, weil dir noch eine Information bzw. eine Unterlage fehlt.	Über diese Ncbelkerze kann ich nur noch gähnen. Ich betrüge dich neuerdings. Ich habe mich neu verliebt. Ins Trotzdem. Seit ich nicht mehr ins Schade verliebt bin, interessieren mich Lösungen mehr als Probleme. Mache nur weiter so mit deinen Einwänden. Je mehr Futter du mir gibst, desto mehr kann ich meine Liebe fürs Trotzdem ausleben.
Das ist doch vollkommen unfair, dass du diese Aufgaben machen musst! Warum spielst du bei dieser Ungerechtigkeit mit?	In einem Punkt gebe ich dir recht. Ich sollte mir schon über den Sinn meiner Ziele vollkommen klar sein. Aber wenn ich mich einmal für ein Ziel entschieden habe, bin ich nicht so naiv zu glauben, dass ich dafür nichts tun muss. Von nichts kommt nichts. Und was ist schon gerecht?
Hast du denn vergessen, dass du was ganz Besonderes bist? Hast du diesen Kleinkram überhaupt nötig? Wenn du ganz groß rausgekommen bist, fragt dich keiner mehr danach.	Ehrlich gesagt, habe ich das auch lange gedacht. Ich verlasse mich aber nicht mehr auf Tagträume. Genau so wenig wie ich mich auf den großen Lottogewinn verlasse. Mühsam ernährt sich das Eichhörnchen.

Anschiebe- und Aufschiebeplan

Es gibt nichts Gutes, außer man tut es.
Erich Kästner

Ich möchte Sie nicht aus diesem Lese-Coaching entlassen, ohne Ihnen den ersten Schritt zu Beginn Ihres Lieblings-Aufschiebe-Projekts zu erleichtern. Tragen Sie in den unten stehenden Anschiebe-Plan alle Vorhaben ein, die Sie bisher aufgeschoben haben. Gewichten Sie die jeweilige Priorität mit A (wichtig und dringend), B (wichtig und nicht dringend), C (nicht wichtig und dringend) und oder D (nicht wichtig, nicht dringend). Bestimmen Sie dann den Termin, an dem Sie das Projekt beginnen wollen. Definieren Sie genau, wie der erste Arbeitsschritt aussehen soll. Bestimmen Sie dann, wann die gesamte Aufgabe spätestens erledigt sein muss. Berücksichtigen Sie bei Ihrer Planung, dass sich die verschiedenen Projekte möglichst nicht überschneiden. In den zweiten Plan tragen Sie ein, wie Sie Ihr wichtigstes Vorhaben zum Scheitern bringen können.

Schauen Sie während Ihres Top-Projekts ab und zu auf die Aufschiebe-Methoden der Liste. Sie werden mit einem Schmunzeln feststellen, wie nah manchmal die Realität an Ihre kühnsten Phantasien heranreicht.

Ihre weitere Anschiebe-Planung
Eine Anwältin erzählte mir, dass Sie Ihren Kalender lange Zeit wie eine geifernde Gouvernante empfunden hätte. Voller Trotz lehnte sie sich gegen das Termin-Diktat auf. Dann kam die Wende. Heute sieht sie ihren Terminkalender als Freund und Verbündeten. Sie plant ihre Zeit so, dass Sie jeden Tag den nötigen Raum hat, um eine Herzenssache zu verfolgen. Ein Ziel, das etwas mit ihr zu tun hat und sie emotional erfüllt.

Anschiebe-Plan

	Aufgabe / Projekt	Priorität A, B, C, D	Beginn: Datum, Uhrzeit, erster Arbeitsschritt	Erledigen der Aufgabe bis Spätestens Datum, Uhrzeit
1.				
2.				
3.				
4.				
5.				
6.				
7.				
8.				
9.				
10.				

Aufschiebe-Plan

Was muss ich tun, damit das wichtigste Projekt aus der Anschiebe-Liste scheitert?

1.	
2.	
3.	
4.	
5.	
6.	
7.	
8.	
9.	
10.	

Zeitpläne sind wie mehr oder minder maßstabsgetreue Landkarten. Wenn Sie am Ufer des Chiemsees stehen und das Panorama mit der Abbildung im Atlas vergleichen, werden Sie den Unterschied zwischen Plan und Wirklichkeit nachvollziehen.

Zeitplanung ist aber kein Selbstzweck. Wenn wir damit keine Ziele verknüpfen, werden wir uns nur der Terminorganisation anderer unterordnen. Es hat sich bewährt, abends den nächsten Tag zu planen. Laut Umfragen benötigen die meisten hierzu nur acht bis 10 Minuten. Als erstes stellt sich die Frage, was für den nächsten Tag das wichtigste messbare Ziel ist. Die zweite Überlegung: Wie kann ich den nächsten Tag so realistisch planen, dass ich das Tagesziel auch erreiche? Auf unvorhergesehene Störungen dürfen wir uns fest verlassen. Selbst wenn die Technik mitspielt und alle Zeitdiebe im Urlaub weilen; bereiten Sie sich auch auf die eventuellen seelischen Störmanöver der Aufschieberitis vor. Deshalb raten Zeitmanagement-Experten, nur 50 % der Zeit zu verplanen. Die andere Hälfte müssen wir als Puffer für Überraschungen vorhalten.

Die ideale Ergänzung zum Zeitplan ist die Tages-To-do-Liste. Es ist grundsätzlich nicht möglich, den Zeitpunkt für alle Aktivitäten festzulegen. Wenn Sie zum Beispiel dringend jemanden anrufen müssen, würde der geplante Termin in dem Moment im Kalender verrutschen, wo sie ihn nicht erreichen. Deshalb landen diese flexiblen Aufgaben auf der To-do-Liste. Kennzeichnen Sie die Kleinigkeiten, die man gut zwischendurch erledigen kann. Auf der Tages-To-do-Liste stehen wirklich nur die Aufgaben, die an diesem Tag zu tun sind. Für alle anderen To-do's führt man eine große To-do-Liste. Erst, wenn die Posten auf der Liste abgearbeitet sind, werden Sie auf der großen Gesamtliste gestrichen.

Jeder hat individuelle Hochleistungsphasen, in denen man sich am besten konzentrieren kann. Morgenmenschen haben Ihre Leistungsspitzen in absteigender Folge morgens um 8.00

Uhr und mittags um 12.00 Uhr. Abendmenschen hingegen sind in ansteigender Folge um 10.30 Uhr, um 16.30 Uhr und um 22.30 Uhr am fittesten. Halten Sie sich Ihre wertvollsten Zeitfenster für Ihre wichtigsten Aufgaben am Tag frei.

Pausen, Belohnungen und Freizeit sind gleichsam ernst zu nehmende Termine, die ihren festen Platz im Kalender verdienen. Zeitplanung ist ein lebenslanger Lernprozess. Es bedarf sehr viel Übung, bis wir unser geplantes Leistungspensum realistisch mit Zeiten beziffern können. Es wird uns selten gelingen, den Tag perfekt zu planen. Aber es wird uns auf jeden Fall gelingen, die Planung jeden Tag zu perfektionieren.

Wenn Sie ein längerfristiges Projekt meistern müssen, unterstützt Sie die Wochen- und Monatsplanung. Hier schauen Sie voraus, wie viele Tage Ihnen bis zur Deadline noch bleiben und wie viele Arbeitsphasen Sie realistisch unterbringen können und müssen. Auch hier gilt: Nur 50 % Ihrer Zeit ist planbar.

Richtig spannend wird die Übung, wenn Sie sich jeden Tag in einem Anschiebe-Tagebuch Rechenschaft geben. In der Tradition des Reisetagebuchs hält der Reisende seine Erlebnisse schriftlich fest. Vom Aufbruch bis zum Ende der Fahrt. Tag für Tag. Unterwegs von A nach B, notiert er, wie die Tour voran geht, was es Neues gibt und wie er sich den nächsten Tag vorstellt.

Auf der Reise vom Aufschieber zum Anschieber hat das Tagebuchschreiben mehr als nur Souvenir-Charakter. Im täglichen Dialog mit sich selbst bietet Ihnen das Tagebuch die Chance, Fortschritte zu würdigen und Rückschritte auszuwerten. Das Schreiben hält Sie in Kontakt mit Ihrem Anschiebe-Projekt. Mit der schriftlichen Reflexion gewinnen Sie einen wertvollen Hebel der Veränderung. Anstatt das Delta zwischen Wunsch und Wirklichkeit weiter zu umschiffen, können Sie im Schutz des Tagebuchs den Tatsachen ins Auge sehen. Was klappt besser? Was klappt schlechter? Wie stellen Sie sich den nächsten Tag vor? Während die Gedanken flüchtige Gesellen sind, bezeugt das geschriebene Wort noch nach Wochen Ihren Veränderungswillen, die Erfolgsfaktoren für Ihre Verhaltensänderung und vor allem: Ihren Erfolg.

Wer loslässt, hat die Hände frei: Abschied von alten Lösungsversuchen

Abschied muss man üben,
sonst fällt er viel zu schwer.
Heinz Rudolf Kunze

Erweitern wir den Rahmen auf ein besonders gewagtes Spiel. Während wir die Lupe bisher nur auf Situationen gelegt haben, in denen Sie aufschieben, wagen wir nun die Vogelperspektive. Wie attraktiv wäre es für Sie, Abschied vom alten Aufschieberleben zu nehmen und in die Übergangsphase zu einem Leben ohne hartnäckiges Aufschieben zu treten? Sie müssten sich an eine bekömmlichere Geschmacksrichtung gewöhnen: Statt »Aufschieben extra würzig & herb« nur noch »Aufschieben light« oder sogar die Abstinenzler-Variante »Aufschieben stressfrei«.

Mark Twain soll gesagt haben, es sei ganz leicht, mit dem Rauchen aufzuhören, er hätte es schon hundert Mal gemacht. Aber wie gewöhnt man sich das Aufschieben ab? Zuerst braucht man wie beim Rauchen genügend gute Gründe, den alten Lebensstil aufgeben zu wollen. Was hätte ich davon? Ist es wirklich das kleinere Übel? Was verliere ich? Was gewinne ich hinzu? Ist es mir die »Entzugserscheinungen« wert?

Vielleicht motiviert es Sie, sich die positiven Konsequenzen in den schillerndsten Farben auszumalen. Notieren Sie die zehn überzeugendsten Vorteile, die der Neubeginn als Anschieber oder Anschieberin für Sie abwerfen würde.

	Was könnte ich konkret tun, wenn ich keine Aufschieberitis hätte?
1.	
2.	
3.	
4.	
5.	
6.	
7.	
8.	
9.	
10.	

Wenn Sie auf die Liste sehen, wäre es wirklich das kleinere Übel, das Aufschieben aufzugeben? Es kann gut sein, dass es für Sie besser wäre, sich in der Prokrastination behaglich einzurichten. Veränderung ist schließlich kein Selbstzweck. Sollte Ihnen der Preis des Schiebens jedoch zu hoch geworden sein, können Sie in Ihrem Anschiebe-Tagebuch einen »Vertrag mit sich selbst« schließen, um ab heute die Reise zu einer neuen Lebensweise zu beginnen.

Vertrag mit mir selbst

Für die wichtigen Dinge im Leben schließen wir Verträge, um keine bösen Überraschungen zu erleben. Für den Arbeitsplatz. Für den Autokauf. Für die Ehe.

Vertrag kommt von vertragen. Wenn sich zwei nicht auf einen Vertrag einigen können, dann sollten sie keinen schließen.

Wie müsste aber ein Vertrag aussehen, den Sie mit sich selber schließen? Oder halten Sie es wie Groucho Marx: »Es würde mir nicht im Traum einfallen, einem Klub beizutreten, der bereit wäre, jemanden wie mich als Mitglied aufzunehmen.«

Das Ziel des Vertrages mit sich selbst ist, sich schriftlich auf seine Veränderungsziele zu verpflichten. Wie jeder andere Kontrakt, legt er das erkennbare Verhalten fest, zu dem ich mich für die Zukunft bereit erkläre. Ein fest entschlossener Anschieber beginnt zum Beispiel seine Selbstvereinbarung mit den Sätzen:

Hiermit schließe ich zu folgenden Punkten einen Vertrag mit mir selbst. Ich werde ab sofort jeden Tag ein Anschiebe-Tagebuch führen. Damit mache ich mir täglich bewusst, dass meine Aufschieberitis nicht von alleine verschwindet. Vielmehr kontrolliere ich jeden Tag, ob ich mein Tagesziel erreicht habe. Wenn ja, dann belohne ich mich. Wenn nein, dann analysiere ich, wie ich den nächsten Tag gestalten müsste, damit es wieder nicht klappt. Davon leite ich eine Strategie ab, mit der ich das Ziel am nächsten Tag erreichen kann …

Der Vertrag bekommt besonderes Gewicht, wenn er ebenfalls von einem Zeugen unterschrieben wird.

Wahrscheinlich denken Sie jetzt, eine alte Lebensweise verlässt man nicht so einfach wie einen Bummelzug, der an jeder Milchkanne hält. Vertrag hin. Vertrag her. Stimmt. Einfach ist es leider nicht. Aber für manchen lohnt sich die Mühe des Umsteigens, um auf Dauer bequemer durchs Leben zu kommen. Die Reise der Veränderung führt – wie das Umsteigen – über einen Übergang. Verhaltensänderungen vollziehen sich nicht von heute auf morgen, sie verlaufen als Prozess. Denn: Das neue Anschiebeverhalten haben wir noch nicht trainiert. Es fordert viel Disziplin und Ausdauer, um für das Anschieben die nötigen »Muskeln« zu bilden. Ähnlich wie beim Sport dauert es eine Weile, bis wir die »seelische Kondition« aufgebaut haben.

Zudem gilt es, das alte Aufschiebeverhalten, als liebgewordenen Teil von uns, würdig zu verabschieden. Das bedeutet nicht leichte aber lohnende Trauerarbeit.

Aus tiefenpsychologischer Sicht hofft der Aufschieber wie ein Kind, dass die (stellvertretende) Mutter kommt und ihm die unangenehmen Dinge abnimmt. Der Abschied vom Aufschieben geht einher mit dem Abschied von der Organisation einer zweischneidigen Zuwendung. Zum einen fand sich in der Vergangenheit tatsächlich oft ein Dummer, der einem die Kartoffeln aus dem Feuer holte. Zum anderen testete man die Grenzen zwischenmenschlicher Beziehungen. Aus Freundschaft und Sympathie drückten die Auftraggeber oft ein Auge zu. Ließen Fünfe gerade sein. Und schauten bei der Qualität der Leistungen nicht so genau hin. In diesem Fall erntete der Schlendrian für sein schludriges Verhalten positive Zuwendung. Als Gegenleistung wurde Dankbarkeit erwartet. Lief es nicht so gut, riskierte der Termin-Pokerer, das Gesicht zu verlieren. *No risk, no fun.* Was stand auf dem Spiel? Schuldgefühle und die Abhängigkeit vom Verständnis anderer.

Wenn Aufschieben mit kindlichen Hoffnungen und Abhängigkeiten verbunden ist, bedeutet der Wechsel auf das Spielfeld der Erwachsenen einen aufwühlenden Abschied. Vielleicht haben Sie in Phasen des Abschiednehmens schon selbst Stimmungsschwankungen erlebt. Bei Todesfällen, beim Übergang von der Ausbildung in den Beruf oder beim Wechsel des Arbeitgebers, bei der Trennung vom Partner und so weiter.

Hier geht es um nicht weniger als die neue Anordnung unseres Selbstbildes. Schließlich stirbt ein Teil von uns und der Verlust muss ausgetrauert werden. Leider hat in unserer Spaßkultur die Trauer keine Lobby. Sie findet meist hinter Sonnenbrillen und verschlossenen Therapietüren statt. Wer sich als Trauernder zu erkennen gibt, gerät unter den Generalverdacht, psychisch labil zu sein. Dabei führt gerade das Unvermögen zu trauern zu schweren Depressionen. Die Lebensenergie, die den Depressiven zu fehlen scheint, würde mit dem Zulassen der Trauer über verpasste Chancen und utopische Lebensziele frei gesetzt. Das Trauer-Tabu versiegelt die Tür zur Realität.

Von welchen irrealen Zielen haben Sie sich schon verabschiedet? Werfen Sie überflüssigen Ballast ab, indem Sie der Realität ins Auge sehen. Verabschieden Sie sich von Ihren Luftschlössern. Ihr Unterhalt kostet Sie unnötig Energie, die Sie brauchen, damit Ihre realistischen Träume wahr werden.

	Meine 10 wichtigsten Ziele im Leben	**Vom welchem Ziel sollte ich Abschied nehmen, weil die Umsetzung – wenn ich ehrlich bin – höchst unwahrscheinlich ist.**
1.		
2.		
3.		
4.		
5.		
6.		
7.		
8.		
9.		
10.		

Es gibt viele Arten, den Weg des Abschieds von Luftschlössern und überkommenen Lösungsversuchen (Aufschieben) zu gehen. Im Ritual-Kapitel wurde bereits eine Möglichkeit beschrieben: Eine halbe Stunde Meditation am Tag kann der Trauer den Raum geben, den sie verdient. Erst wenn man den Abschied durchlebt, lösen sich die ans Alte gebundenen Kräfte, die wir für das Meistern von Veränderungen brauchen. Wer loslässt, hat die Hände frei.

Übung

Das Märchen *Von einem der auszog, das Fürchten zu lernen* lässt sich auch als Aufschieber-Geschichte lesen. Wer nie gelernt hat, sich zu fürchten, ist kaum motiviert, etwas anzuschieben. Er hat kein Gespür für die Konsequenzen, die sein Aufschieben auslöst. Und geht weiter den Weg des geringsten Widerstands.

Das furchterregende Märchen von der Furchtlosigkeit enthält viele symbolschwangere Elemente, die für unseren Kontext wichtig sind. Es ist dem Aufschieben zuträglich, Lebloses (Luftschlösser) mit aller Kraft am Leben zu erhalten. Der Protagonist versucht mehrmals, Tote(s) zum Leben zu erwecken. Achten Sie beim Lesen darauf, wie er das Resultat dieser Versuche umdeutet. Spüren Sie auch nach, welches Verhältnis Sie zur Furcht haben. Lässt Sie alles ähnlich kalt wie die Hauptfigur? Wünschen Sie sich lieber mehr oder lieber weniger Furcht, um Ihr Aufschieben zu managen?

Ich habe nur den Anfang des Märchens aus der Sammlung der Gebrüder Grimm etwas anders eingestilt und den Schluss weggelassen. Überlegen Sie sich, wie Sie das Märchen zu Ende schreiben würden.

Von einem der auszog, (erst) das Fürchten (und dann das Anschieben) zu lernen

Es war einmal ein Vater, der hatte zwei Söhne. Davon war der ältere zwar klug und gescheit, aber er schob seine Arbeit auf, weil er die Angst vor den Konsequenzen nicht fühlen konnte. Der jüngere war zwar dumm, aber übereifrig, weil er sich vor allem fürchtete. Wenn ihn der Vater hieß, noch spät oder gar in der Nacht etwas zu holen, und der Weg ging dabei über den Kirchhof oder sonst einen schaurigen Ort, so antwortete er wohl: »Ach nein, Vater, ich gehe nicht dahin, es gruselt mir!« denn er fürchtete sich. Oder wenn abends beim Feuer Geschichten erzählt wurden, wobei einem die Haut schaudert, sprachen die Zuhörer manchmal:

»Ach, es gruselt mir!« Der ältere Sohn saß in einer Ecke, hörte das mit an und konnte nicht begreifen, was es heißen sollte. »Immer sagen sie: Es gruselt mir! Es gruselt mir! Mir gruselt's nicht; das wird wohl die einzige Kunst sein, von der ich nichts verstehe.«

Nun geschah es, dass der Vater einmal zu ihm sprach: »Hör', du in der Ecke dort, du wirst groß und stark, du musst einmal etwas so gründlich lernen, dass du damit dein Brot verdienen kannst. Siehst du, wie sich dein Bruder Mühe gibt? Aber an dir ist Hopfen und Malz verloren.

– »Ei Vater«, antwortete er, »ich will gern was Gründliches lernen; ja, wenn's anginge, möchte ich lernen, dass ich mich fürchtete; nur davon verstehe ich nichts.«

Bald danach kam der Küster zu Besuch ins Haus, da klagte ihm der Vater seine Not und erzählte, wie sein älterer Sohn mit dem Ehrgeiz so schlecht beschlagen wäre, er wusste von allem etwas und lernte nichts richtig.

»Denkt Euch, als ich ihn fragte, womit er sein Brot verdienen wollte, hat er gar verlangt, das Fürchten zu lernen.«

– »Wenn's weiter nichts ist«, antwortete der Küster, »das kann er bei mir lernen; tut ihn nur zu mir.«

Der Vater war es zufrieden, weil er dachte: »Der Junge wird doch ein wenig zugestutzt.«

Der Küster nahm ihn also ins Haus, und er musste die Glocke läuten. Nach ein paar Tagen weckte er ihn um Mitternacht, hieß ihn aufstehen, in den Kirchturm steigen und läuten. »Du sollst schon lernen, was Fürchten ist«, dachte er, ging heimlich voraus, und als der Junge oben war und sich umdrehte und das Glockenseil fassen wollte, sah er auf der Treppe, dem Schallloch gegenüber, eine weiße Gestalt stehen.

»Wer da?«, rief er, aber die Gestalt gab keine Antwort, regte und bewegte sich nicht. »Gib Antwort«, rief der Junge, »oder mache, dass du wegkommst, du hast hier in der Nacht nichts zu schaffen!«

Der Küster aber blieb unbeweglich stehen, damit der Junge glauben sollte, es wäre ein Gespenst. Der Junge rief zum zweiten Mal: »Was willst du hier? Sprich, wenn du ein ehrlicher Kerl bist, oder ich werfe dich die Treppe hinab!«

Der Küster dachte: »Das wird so schlimm nicht gemeint sein«, gab keinen Laut von sich und stand, als wenn er von Stein wäre. Da rief ihn der Junge zum dritten Mal an, und als das auch vergeblich war, nahm er einen Anlauf und stieß das Gespenst die Treppe hinab, dass es zehn Stufen hinab fiel und in einer Ecke liegen blieb. Darauf läutete er die Glocke, ging heim, legte sich, ohne ein Wort zu sagen, ins Bett und schlief fort. Die Küsterfrau wartete lange Zeit auf ihren Mann, aber er wollte nicht wiederkommen. Da ward ihr endlich angst, sie weckte den Jungen und fragte: »Weißt du nicht, wo mein Mann geblieben ist? Er ist vor dir auf den Turm gestiegen.«

– »Nein«, antwortete der Junge, »aber da hat einer dem Schallloch gegenüber auf der Treppe gestanden, und weil er keine Antwort geben und auch nicht weggehen wollte, habe ich ihn für einen Spitzbuben gehalten und hinuntergestoßen. Geht nur hin, so werdet Ihr sehen, ob er's gewesen ist, es sollte mir leid tun.«

Die Frau sprang fort und fand ihren Mann, der in einer Ecke lag und jammerte und ein Bein gebrochen hatte. Sie trug ihn hinab und eilte dann mit lautem Geschrei zu dem Vater des Jungen. »Euer Junge«, rief sie, »hat ein großes Unglück angerichtet, meinen Mann hat er die Treppe hinab geworfen, dass er ein Bein gebrochen hat; schafft den Taugenichts aus unserem Hause!« Der Vater erschrak, kam herbeigelaufen und schalt den Jungen aus.

»Was sind das für gottlose Streiche? Die muss dir der Böse eingegeben haben.«

– »Vater«, antwortete er, »hört nur an, ich bin ganz unschuldig: er stand da in der Nacht, wie einer, der Böses im Sinne hat. Ich wusste nicht, wer's war, und habe ihn dreimal ermahnt, zu reden oder wegzugehen.

– »Ach«, sprach der Vater, »mit dir erleb' ich nur Unglück, geh' mir aus den Augen, ich will dich nicht mehr ansehen!«

– »Ja, Vater, recht gern, wartet nur, bis es Tag ist, da will ich ausgehen und das Fürchten lernen, dann versteh' ich die Kunst, mit der ich die Dinge gründlich angehen kann.«

– »Lerne, was du willst«, sprach der Vater, »mir ist alles einerlei. Da hast du fünfzig Taler, damit geh' in die weite Welt und sage keinem Menschen, wo du her bist und wer dein Vater ist, denn ich muss mich deiner schämen.«

– »Ja, Vater, wie Ihr's haben wollt; wenn Ihr nicht mehr verlangt, das kann ich leicht in Acht behalten.«

Als nun der Tag anbrach, steckte der Junge seine fünfzig Taler in die Tasche, ging hinaus auf die große Landstraße und sprach immer vor sich hin: »Wenn ich mich nur fürchten könnte! Wenn ich mich nur fürchten könnte!«

Da kam ein Mann heran, der hörte das Gespräch, das der Junge mit sich selber führte, und als sie ein Stück weiter waren, dass man den Galgen sehen konnte, sagte der Mann zu ihm: „Siehst du, dort ist der Baum, wo siebene mit des Seilers Tochter Hochzeit gehalten haben und jetzt das Fliegen lernen, setz' dich darunter und warte, bis die Nacht kommt, so wirst du schon das Fürchten lernen.«

– ,,Wenn weiter nichts dazu gehört«, antwortete der Junge, ,,das ist leicht getan. Lerne ich aber so geschwind das Fürchten, so sollst du meine fünfzig Taler haben; komm' nur morgen früh wieder zu mir.«

Da ging der Junge zu dem Galgen, setzte sich darunter und wartete, bis der Abend kam. Und weil ihn fror, machte er sich ein Feuer an; aber um Mitternacht ging der Wind so kalt, dass er trotz des Feuers nicht warm werden wollte. Und als der Wind die Gehenkten gegeneinander stieß, dass sie sich hin und her bewegten, dachte er: »Du frierst unten bei dem Feuer, was mögen die da oben erst frieren und zappeln.« Und weil er mitleidig war, legte er die Leiter an, stieg hinauf, knüpfte einen nach dem andern los und holte sie alle siebene herab. Darauf schürte er das Feuer, blies es an und setzte sie ringsherum, dass sie sich wärmen sollten. Aber sie saßen da und regten sich nicht, und das Feuer ergriff ihre Kleider. Da sprach er: »Nehmt euch in Acht, sonst häng' ich euch wieder hinauf.«

Die Toten aber hörten nicht, schwiegen und ließen ihre Lumpen fortbrennen. Da ward er böse und sprach: ,,Wenn ihr nicht achtgeben wollt, so kann ich euch nicht helfen. Ich will nicht mit euch verbrennen«, und hängte sie nach der Reihe wieder hinauf. Nun setzte er sich zu seinem Feuer und schlief ein, und am andern Morgen, da kam der Mann zu ihm, wollte die fünfzig Taler haben und sprach: »Nun, weißt du jetzt, was Fürchten ist?«

– »Nein«, antwortete er, ,,woher sollt' ich's wissen? Die da droben haben das Maul nicht aufgetan und waren so dumm, dass sie die paar alten Lappen, die sie am Leibe haben, brennen ließen.«

Da sah der Mann, dass er die fünfzig Taler heute nicht davontragen würde, ging fort und sprach: »So einer ist mir noch nicht vorgekommen.«

Der Junge ging auch seines Wegs und fing wieder an, vor sich hin zu reden: »Ach, wenn ich mich nur fürchten könnte! Wenn ich mich nur fürchten könnte!«

Das hörte ein Fuhrmann, der hinter ihm her schritt, und fragte: »Wer bist du?«

– »Ich weiß nicht«, antwortete der Junge.

Der Fuhrmann fragte weiter: »Wo bist du her?«

– »Ich weiß nicht.«

– »Wer ist dein Vater?«

– »Das darf ich nicht sagen.«

– »Was brummst du beständig in den Bart hinein?«

– »Ei«, antwortete der Junge, »ich wollte das Fürchten lernen, aber niemand kann es mich lehren.«

– »Lass dein dummes Geschwätz«, sprach der Fuhrmann, »komm', geh' mit mir, ich will sehen, dass ich dich unterbringe.« Der Junge ging mit dem Fuhrmann, und abends gelangten sie zu einem Wirtshause, wo sie übernachten wollten. Da sprach er beim Eintritt in die Stube wieder ganz laut: »Wenn ich mich nur fürchten könnte! … nur fürchten könnte!«

Der Wirt, der das hörte, lachte und sprach: »Wenn dich danach lüstet, dazu sollte hier wohl Gelegenheit sein.«

– »Ach, schweig' stille«, sprach die Wirtsfrau, »so mancher Vorwitzige hat schon sein Leben eingebüßt; es wäre jammerschade um die schönen Augen, wenn die das Tageslicht nicht wieder sehen sollten.«

Der Junge aber sagte: »Wenn's noch so schwer wäre, ich will's einmal lernen, deshalb bin ich ja ausgezogen.« Er ließ dem Wirt auch keine Ruhe, bis dieser erzählte, nicht weit davon stünde ein verwünschtes Schloss, wo einer wohl lernen könnte, was Fürchten wäre, wenn er nur drei Nächte darin wachen wollte. Der König hatte dem, der's wagen wollte, seine Tochter zur Frau versprochen, und die wäre die schönste Jungfrau, die die Sonne beschien; in dem Schlosse steckten auch große Schätze, von bösen Geistern bewacht, die würden dann frei und könnten einen Armen reich genug machen. Schon viele wären wohl hinein, aber noch keiner wieder herausgekommen.

Da ging der Junge am andern Morgen vor den König und sprach: »Wenn's erlaubt wäre, so wollte ich wohl drei Nächte in dem verwünschten Schlosse wachen.«

Der König sah ihn an, und weil er ihm gefiel, sprach er: »Du darfst dir noch dreierlei ausbitten, aber es müssen leblose Dinge sein, und die darfst du mit ins Schloss nehmen.«

Da antwortete er: »So bitt' ich um ein Feuer, eine Drehbank und eine Schnitzbank mit dem Messer.«

Der König ließ ihm das alles bei Tage in das Schloss tragen. Als es Nacht werden wollte, ging der Junge hinauf, machte sich in einer Kammer ein helles Feuer an, stellte die Schnitzbank mit dem Messer daneben und setzte sich auf die Drehbank. »Ach, wenn ich mich nur fürchtete!« sprach er, »aber hier werde ich's auch nicht lernen.«

Gegen Mitternacht wollte er sich sein Feuer einmal aufschüren und wie er so hineinblies, da schrie's plötzlich aus einer Ecke: »Au, miau! Was uns friert!«

– »Ihr Narren«, rief er, »was schreit ihr? Wenn euch friert, so kommt, setzt euch ans Feuer und wärmt euch.« Und wie er das gesagt hatte, kamen zwei große schwarze Katzen in einem gewaltigen Sprunge herbei, setzten sich ihm zu beiden Seiten und sahen ihn mit ihren feurigen Augen ganz wild an. Über ein Weilchen, als sie sich gewärmt hatten, sprachen sie: »Kamerad, wollen wir ein wenig Karten spielen?«

– »Warum nicht?« antwortete er, »aber zeigt einmal eure Pfoten her.« Da streckten sie die Krallen aus. »Ei«, sagte er, »was habt ihr lange Nägel. Wartet, die muss ich euch erst abschneiden.« Damit packte er sie beim Kragen, hob sie auf die Schnitzbank und schraubte ihnen die Pfoten fest. »Euch habe ich auf die Finger gesehen«, sprach er, »da vergeht mir die Lust zum Kartenspiel«, schlug sie tot und warf sie hinaus ins

Wasser. Als er aber die zwei zur Ruhe gebracht hatte und sich wieder zu seinem Feuer setzen wollte, da kamen aus allen Ecken und Enden schwarze Katzen und schwarze Hunde an glühenden Ketten, immer mehr und mehr, dass er sich nicht mehr bergen konnte; die schrien gräulich, traten ihm auf sein Feuer, zerrten es auseinander und wollten es ausmachen. Das sah er ein Weilchen ruhig mit an; als es ihm aber zu arg wurde, fasste er sein Schnitzmesser und rief: »Fort mit euch, ihr Gesindel!« und hieb auf sie los. Ein Teil sprang weg, die andern schlug er tot und warf sie hinaus in den Teich. Als er zurückgekommen war, blies er aus den Funken sein Feuer frisch an und wärmte sich. Und als er so dasaß' wollten ihm die Augen nicht länger offen bleiben, und er bekam Lust zu schlafen. Da blickte er um sich und sah in der Ecke ein großes Bett. »Das ist mir eben recht«, sprach er und legte sich hinein. Als er aber die Augen zutun wollte, fing das Bett von selbst an zu fahren und fuhr im ganzen Schloss herum.

»Recht so«, sprach er, »nur besser zu!« Da rollte das Bett fort, als wären sechs Pferde vorgespannt, über Schwellen und Treppen auf und ab; auf einmal hopp, hopp! warf es um, das Unterste zu oberst, dass es wie ein Berg auf ihm lag. Aber er schleuderte Decken und Kissen in die Höhe, stieg hinaus und sagte: »Nun mag fahren, wer Lust hat«, legte sich an sein Feuer und schlief, bis es Tag war. Am Morgen kam der König, und als er ihn da auf der Erde liegen sah, meinte er, die Gespenster hätten ihn umgebracht, und er wäre tot. Da sprach er: »Es ist doch schade um den schönen Menschen!«

Das hörte der Junge, richtete sich auf und sprach: »So weit ist's noch nicht!« Da verwunderte sich der König, freute sich aber und fragte, wie es ihm gegangen wäre. „Recht gut«, antwortete er, »eine Nacht wäre herum, die zwei andern werden auch herumgehen.« Und als er zum Wirt kam, machte der große Augen. »Ich dachte nicht«, sprach er, „dass ich dich lebendig wiedersehen würde; hast du nun gelernt, was Fürchten ist?«

– »Nein«, sagte er, »es ist alles vergeblich, wenn mir's nur einer sagen könnte!«

Die zweite Nacht ging er abermals hinauf ins alte Schloss, setzte sich zum Feuer und fing sein altes Lied wieder an: »Wenn ich mich nur fürchten könnte!« Wie Mitternacht herankam, ließ sich ein Lärm und Gepolter hören, erst sachte, dann immer stärker, dann war's ein bisschen still, endlich kam mit lautem Geschrei ein halber Mensch den Schornstein herab und fiel vor ihm hin.

»Heda!« rief er, »noch ein halber gehört dazu, das ist zu wenig.« Da ging der Lärm von frischem an, es tobte und heulte, und die andere Hälfte fiel auch herab. »Warte«, sprach er, »ich will dir erst das Feuer ein wenig anblasen.« Wie er das getan hatte und sich wieder umsah, da waren die beiden Stücke zusammengefahren, und da saß ein gräulicher Mann auf seinem Platze. »So haben wir nicht gewettet«, sprach der Junge, »die Bank ist mein.« Der Mann wollte ihn wegdrängen, aber der Junge ließ sich's nicht gefallen, schob ihn mit Gewalt weg und setzte sich wieder auf seinen Platz. Da fielen noch mehr Männer herab, einer nach dem andern, die holten neun Totenbeine und zwei Totenköpfe, setzten auf und spielten Kegel. Der Junge bekam auch Lust und fragte: »Hört ihr, kann ich mittun?«

– »Ja, wenn du Geld hast.«

– »Geld genug«, antwortete er, »aber eure Kugeln sind nicht recht rund.« Da nahm er die Totenköpfe, setzte sie in die Drehbank und drehte sie rund. »So, jetzt werden sie besser schüppeln«, sprach er, »heida, nun geht's lustig!« Er spielte mit und verlor etwas von seinem Gelde, als es aber zwölf schlug, war alles vor seinen Augen verschwunden. Er legte sich nieder und schlief ruhig ein.

Am andern Morgen kam der König und wollte sich erkundigen. »Wie ist dir's diesmal gegangen?«, fragte er.

– »Ich habe gekegelt«, antwortete der Junge, »und ein paar Heller verloren.«

– »Hast du dich denn nicht gefürchtet?«

– »Ei was«, sprach er, »lustig hab' ich mich gemacht. Wenn ich nur wüsste, was Fürchten wäre!«

In der dritten Nacht setzte er sich wieder auf seine Bank und sprach ganz verdrießlich: »Wenn ich mich nur fürchtete!« Als es spät wurde, kamen sechs große Männer und brachten eine Totenlade hereingetragen. Da sprach er: »Ha ha, das ist gewiss mein Vetterchen, das erst vor ein paar Tagen gestorben ist«, winkte mit dem Finger und rief: »Komm', Vetterchen, komm'!« Sie stellten den Sarg auf die Erde, er aber ging hinzu und nahm den Deckel ab: da lag ein toter Mann darin. Er fühlte ihm ins Gesicht, aber es war kalt wie Eis.

»Wart«, sprach er, »ich will dich ein bisschen wärmen«, ging ans Feuer, wärmte seine Hand und legte sie ihm aufs Gesicht; aber der Tote blieb kalt. Nun nahm er ihn heraus und setzte sich ans Feuer, legte ihn auf seinen Schoß und rieb ihm die Arme, damit das Blut wieder in Bewegung kommen sollte. Als auch das nichts helfen wollte, fiel ihm ein: wenn zwei zusammen im Bette liegen, so wärmen sie sich, brachte ihn ins Bett, deckte ihn zu und legte sich neben ihn. Über ein Weilchen wurde auch der Tote warm und fing an, sich zu regen. Da sprach der Junge: »Siehst du, Vetterchen, hätt' ich dich nicht gewärmt!«

Der Tote aber hob an und rief: »Jetzt will ich dich erwürgen?«

– »Was«, sagte der Junge, »ist das der Dank? Gleich sollst du wieder in deinen Sarg!« hob ihn auf, warf ihn hinein und machte den Deckel zu. Da kamen die sechs Männer und trugen ihn wieder fort. »Ich kann mich nicht fürchten«, sagte er, »hier lerne ich's mein Lebtag nicht.«

Da trat ein Mann herein, der war größer als alle andern, und sah fürchterlich aus; er war aber alt und hatte einen langen, weißen Bart. »O du Wicht«, rief er, »nun sollst du bald lernen, was Gruseln ist, denn du sollst sterben!«

– »Nicht so schnell«, antwortete der Junge, »soll ich sterben, so muss ich auch dabei sein.«

– »Dich will ich schon packen« sprach der Unhold. »Sachte, sachte, mach' dich nicht so breit; so stark wie du bin ich auch und wohl noch stärker.

– »Das wollen wir sehen«, sprach der Alte, »bist du stärker als ich, so will ich dich gehen lassen; komm', wir wollen's versuchen!« Da führte er ihn durch dunkle Gänge zu einem Schmiedefeuer, nahm eine Axt und schlug den einen Amboss mit einem Schlage in die Erde. »Das kann ich noch besser«, sprach der Junge und ging zu dem andern Amboss; der Alte stellte sich nebenbei und wollte zusehen, und sein weißer Bart hing herab. Da fasste der Junge die Axt, spaltete den Amboss auf einen Hieb und klemmte den Bart des Alten mit hinein »Nun hab' ich dich«, sprach der Junge, »jetzt ist das Sterben an dir!« Dann fasste er eine Eisenstange und schlug auf den Alten los, bis er wimmerte und bat, er möchte aufhören, er wolle ihm große Reichtümer geben. Der Junge zog die Axt heraus und ließ ihn los. Da führte ihn der Alte wieder ins Schloss zurück und zeigte ihm in einem Keller drei Kasten voll Gold. »Davon«, sprach er, »ist ein Teil den Armen, der andere deinem König, der dritte dein.« Indem schlug es die Zwölfe, und der Geist verschwand, also dass der Junge im Finstern stand. »Ich werde mir doch hinaushelfen können«, sprach er, tappte herum, fand den Weg in die Kammer und schlief dort bei seinem Feuer ein.

Am andern Morgen kam der König und sagte: »Nun wirst du gelernt haben, was Fürchten ist?«

– »Nein«, antwortete er, »was ist's nur? Mein toter Vetter war da, und ein bärtiger Mann ist gekommen, der hat mir da unten viel Gold gezeigt, aber was Gruseln ist, hat mir keiner gesagt.«

Da sprach der König: »Du hast das Schloss erlöst und sollst meine Tochter heiraten.«

– »Das ist alles recht gut«, antwortete der Junge, »aber ich weiß noch immer nicht, was Fürchten ist.«

Das Gold wurde nun heraufgebracht und die Hochzeit gefeiert, aber der junge König, so lieb er seine Gemahlin hatte und so vergnügt er war, sagte doch immer: »Wenn ich mich nur fürchtete, wenn ich mich nur fürchtete …«

Im Original lehrt den Helden ein Eimer voll lebender Fische das Fürchten, dem ihn seine Frau nachts über den Kopf schüttet. Wie würden Sie das Märchen enden lassen? Schreiben Sie eine Lösung, die es der Hauptperson ermöglicht, Abschied von leblosen Illusionen zu nehmen und die frei gesetzte Kraft in erreichbare Ziele zu stecken.

Es kann sehr hilfreich sein, den Veränderungsprozess und das Einüben der neuen Anschiebe-Gewohnheiten professionell begleiten zu lassen. Im nächsten Kapitel werden Sie einen Überblick über die unterschiedlichen Angebote finden.

Der Laus Stelzen machen: Private und professionelle Helfer

Ich kann 'ner Laus wohl Stelzen machen,
mir selber helfen kann ich nicht.
Wolf Biermann

Grau ist alle Theorie. Wenn es an die Umsetzung geht, zerbröseln die besten Absichten oft an der Realität. Es fehlt der feste Punkt, mit dem man sein eingeschliffenes Verhalten aus den Angeln heben kann. So ein fester Punkt bietet sich in der Kooperation mit Freunden oder professionellen Helfern.

Viele Aufschieber scheuen sich, fremde Hilfe anzunehmen. Die Scham ist zu groß, einem anderen seine Probleme anzuvertrauen. Ein Stück weit gesteht man sich auf diese Weise auch selbst seine Optimierungspotenziale ein. Die Hilfsangebote sind vielfältig. Das Feld reicht vom Rat des guten Kumpels (oder der guten Kumpelin) bis zur kassenfinanzierten Psychotherapie. Hier nun die Möglichkeiten im Einzelnen.

Coaching

Coaching ist eine sehr zielgerichtete Methode, um auf kürzestem Weg einen selbst gewählten Meilenstein zu erreichen. Oft wissen wir selbst, welche Form der Unterstützung uns helfen würde. Der Coach erhält also einen klar definierten Auftrag, der auch bestimmte Serviceleistungen enthalten kann, die wir ihm vorgeben. Dazu zählt zum Beispiel die regelmäßige Kontrolle, ob wir den anvisierten Arbeitsabschnitt meistern konnten.

Bei der Auswahl des richtigen Coaches helfen zum einen Empfehlungen aus dem Bekanntenkreis und aus Internetforen. Zum anderen gibt es nützliche Adressen und Programme von den psychologischen Beratungsstellen der Universitäten. Wählen Sie einen Coach, der sich auf das Thema Aufschiebeverhalten spezialisiert hat. Veröffentlichungen des Coaches zur Prokrastination in Büchern oder Zeitschriften sind ein gutes Zeichen. Weitere Indizien für die Coaching-Kompetenz liefern akademische Abschlüsse in verhaltens- und sozialwissenschaftlichen Fächern wie Psychologie und Pädagogik sowie wissenschaftlich fundierte Coaching-Ausbildungen, die von den jeweiligen Berufsverbänden zertifiziert sind.

Auf jeden Fall sollten Sie auch während des Coachings auf Ihr Bauchgefühl hören. Ein guter Coach macht sich nach absehbarer Zeit überflüssig. Der Sinn kann nicht darin bestehen, Ihnen das Geld aus der Tasche zu ziehen. Fragen Sie sich nach jeder Sitzung, woran Sie den Fortschritt erkennen können. Wenn Ihnen nicht klar ist, was Ihnen der Termin gebracht hat, dann läuft etwas schief. Sie möchten doch Ihr Projekt nachweisbar anschieben und nicht durch die Zeit beim Coach aufschieben. Die gleichen Gütekriterien gelten auch für Ihre Erfahrungen mit Psycho- oder sonstigen -therapeuten.

Private Anschiebe-Helfer

Kostengünstiger ist es, jemanden im Freundeskreis um Hilfe zu bitten, Kontrollfunktionen zu übernehmen. Bei der Produktion von Texten bietet es sich an, die Fortschritte häppchenweise an den gewählten Helfer zu schicken. So sichern Sie sich ab, dass Sie Ihr Etappenziel in der gewünschten Zeit geschafft haben. Auch wenn Sie nicht wie geplant liefern, erhalten Sie ein wichtiges Warnsignal, um Ihren Zeitplan realistischer zu gestalten und Ihre Arbeitstechnik zu optimieren.

Auch bei anderen Aufgaben lassen sich Anschiebe-Partner beauftragen, nach dem Ergebnis zu fragen. Wenn ich weiß, dass mich am Montag jemand fragt, ob ich am Wochenende den Keller aufgeräumt habe, bin ich anders motiviert. Kombiniert mit einer Sanktion, ziehen solche Ankündigungen bei Freunden noch mehr: »Ich räume am Wochenende meinen Keller auf. Sonst lade ich dich zum Essen ein.«

Mindestens genauso wertvoll ist es, sich privat über die Finessen der Aufschieberei auszutauschen. Gründen Sie mit Gleichgesinnten eine Anschiebe-Partnerschaft oder schließen Sie sich einer Selbsthilfegruppe an. Die beste Plattform, um sich gegenseitig zu coachen und gelassener mit sich umzugehen.

Psychotherapie

Sollten Sie sich schon länger gegenüber Ihrem Vermeidungsverhalten ohnmächtig fühlen, schieben Sie es nicht auf, sich ärztlichen oder psychotherapeutischen Rat einzuholen. Lassen Sie den Leidensdruck nicht ins Uferlose steigen. Ziehen Sie die Notbremse, bevor es Ihr Körper es tut. Psychosomatische Reaktionen wie Allergieanfälle, Entzündungen der Magenschleimhaut und Migräne sind typische Alarmzeichen.

Prokrastination zählt zu den Symptomen verschiedener Störungsbilder. So kann sie eine Begleiterscheinung von Depressionen oder Zwangsstörungen sein. Die fachliche Diagnose gibt Ihnen Aufschluss über die für Sie geeignete Therapieform. Von der Krankenkasse bezahlt werden die Verhaltenstherapie, die analytische und die tiefenpsychologisch fundierte Psychotherapie. Als gesetzlich Versicherter können Sie in Deutschland pro Therapeut bis zu fünf Probesitzungen in Anspruch nehmen. Bei der analytischen Psychotherapie bis zu acht. Hierzu muss der Therapeut über eine Kassenzulassung verfügen.

Die Verhaltenstherapie setzt am aktuellen Verhalten an. Es wird versucht, die Gefühle, Gedanken und Verhaltensweisen, die während der Störung auftreten, so genau wie möglich zu beschreiben. Auf dieser Grundlage werden gemeinsam mit dem Therapeuten alternative Denk- und Handlungsweisen entwickelt und ausprobiert, die das Symptom abstellen sollen. Bei gutem Verlauf findet ein Umlernen statt.

Die Verhaltenstherapie eignet sich dort, wo sich die Symptome deutlich abgrenzen lassen. Das im Ratgeber-Kapitel zitierte BAR-Programm von Hans-Werner Rückert zählt zu der bei Aufschieben gut bewährten Kognitiven Verhaltenstherapie bzw. der Rational-Emotive Therapie.

Die psychoanalytische Therapie verfolgt den Ansatz, das Aufschiebe-Symptom als Spitze eines »Eisbergs« zu deuten. Den »Eisberg« bilden teils unbewusste Konflikte, die bis in die frühesten Lebensphasen reichen können. Vor diesem Hintergrund wird versucht, den Sinn der Störung zu verstehen. Die Gefühls-, Verhaltens- und Abwehrmechanismen, die wir zum Überleben in der Familie entwickelt haben, sollen der Reflexion zugänglich werden. Ziel ist es, für die alten bewussten und unbewussten Konflikte neue und erfolgreichere Lösungen zu finden. Wer die Ursachen seines Aufschiebens im Halbdunkel von biografischen Konflikten vermutet, wird vom Ansatz der analytischen und artverwandten tiefenpsychologisch fundierten Psychotherapie abgeholt.

Zu den nicht kassenzugelassenen Verfahren gehört die Systemisch-konstruktivistische Beratung und Therapie (nicht zu verwechseln mit der ebenso als »systemisch« bezeichneten Lehre Bert Hellingers). Hier gilt es, für den Betroffenen eine Außenperspektive auf sich und die Konstruktion seines Problems zu schaffen. Dem Klienten werden viele Fragen gestellt, zum Beispiel: Was müssten Sie tun, um das Problem herzustellen? Was sind die Vorteile des Problems? Was sind die Nachteile der Lösung? Was könnten Sie alles tun, wenn Sie das Problem nicht hätte: Wenn man dann noch eine Filmkamera aufstellen würde, was wäre auf dem Film zu sehen?

Der Perspektivwechsel bringt den Klienten von der Opferrolle in die Rolle des Handelnden, der sein Problem aktiv managt. Auch beim Thema Aufschieben wird der Fokus auf die Dinge gelegt, die einen Unterschied machen. Differenzierende Fragen könnten sein: Wann kommt es beim Aufschieben zu Ausnahmen? Wie konnten diese Ausnahmen »passieren«? Was war genau anders, als Sie weniger aufgeschoben haben?

In diesem Buch haben Sie vielleicht einen Vorgeschmack bekommen, wie man sich mit systemischen Fragestellungen den nötigen Spielraum schafft, um vom »Problemopfer« zum »Lösungstäter« zu werden.

Alphabetischer Werkzeugkasten für Anschieber

Um Wiederholungen möglichst zu vermeiden, stellen die aufgeführten Werkzeuge keine Zusammenfassung der bisherigen Kapitel dar, sondern sie verstehen sich als inhaltliche Ergänzung. Die Sammlung ist ein Angebot, das eigene Methoden-

Repertoire anzureichern oder abzugleichen. Viele Instrumente können nur schlaglichtartig vorgestellt werden. In der Literaturliste finden Sie weiterführende Hinweise.

Abschließen

Ähnlich wie das Anfangen kostet das Abschließen einer Sache Kraft und Nerven. Sobald der Hammer gefallen ist, gibt es keine Möglichkeiten mehr, etwas zu ergänzen, zu verbessern oder richtig zu stellen. Vielleicht tröstet Sie das geflügelte Wort einer Studienfreundin: Eine Arbeit ist nie fertig. Man gibt sie nur ab.

Selbst die größten Leistungen der Menschheitsgeschichte wurden von ihren Schöpfern als nur vorläufige Zwischenergebnisse abgetan. So vergingen von der Grundsteinlegung des Kölner Doms im Jahre 1248 bis zu seiner vorläufigen Fertigstellung 1880 ganze 635 Jahre. Doch das hat das Selbstbewusstsein der Kölner nicht erschüttert. Als mal ein Amerikaner mit einem Kölner durch die Domstadt ging, machte er sich über die langen Bauzeiten der Deutschen lustig. In Amerika würde man die Häuser innerhalb von wenigen Wochen hochziehen. Schließlich stand der Lästerer aus Übersee staunend vor dem Kölner Dom und fragte seinen Begleiter: »Wie lange haben Sie an dieser großen Kirche gebaut?«

Der Kölner schaute ihn ganz erstaunt an und konterte: »Huch, die hann isch noch jar nich jesehen …«

Anfangen

Kennen Sie die Geschichte von den drei Schildkröten?

Drei Schildkröten sind nach einer tagelangen Wanderung vollkommen durstig. Endlich entdecken Sie ein Wasserloch. Mit letzter Kraft recken zwei der drei Schildkröten ihre Hälse zum erlösenden Nass. »Stopp!!!«, keift da die Chef-Schild-

kröte. »Ihr fangt erst an zu trinken, wenn ich euch unsere Trinkbecherchen geholt habe.«

Mit der Geschwindigkeit einer Chef-Schildkröte macht sie sich auf den langen Weg zurück nach Hause, um die Becherchen zu holen. Schweren Herzens gehorchen die beiden Untertanen. Sie fangen nicht zu trinken an. Sie warten geduldig, bis die Chefin mit dem Schildkröten-Geschirr wiederkommt.

Es vergeht Woche um Woche, aber die Chefin kehrt nicht zurück. Plötzlich hält es eines der durstigen Panzertiere nicht mehr aus und fängt zu trinken an. Da steckt die Chef-Schildkröte ihren Kopf aus dem Gebüsch und schnaubt: »Also, wenn ihr mogelt, dann gehe ich gar nicht erst los …«

Das Anfangen ist für viele Aufschieber die größte Hürde. Es scheint, als würde mit dem Beginnen ein emotionaler Schutzwall zusammenbrechen. Eher ist man bereit, wie die durstigen Schildkröten, auf die absurdesten Voraussetzungen zu warten.

Deshalb sollten Sie sich diese Hürde so niedrig wie möglich gestalten. Hierzu können Sie einige Vorstellungen, welche Vorgehensweise am »vernünftigsten« sei, über Bord werfen. So müssen die Arbeitsschritte nicht in der Reihenfolge A bis Z erfolgen. Wählen Sie für den Anfang jenes Detail Ihres Projekts, das Ihnen am meisten Spaß macht. Es sind oft die einfachen, organisatorischen Teile der Aufgabe, die uns besonders leicht fallen. Bei der Steuererklärung könnte der erste Akt sein, alle nötigen Belege in der Wohnung (und im Auto) zusammen zu suchen und in einen Karton zu werfen.

Perfektionisten mögen jetzt dazwischen rufen: »Aber man soll doch jedes Schriftstück nur einmal in die Hand nehmen und es deshalb gleich richtig einordnen!«

Wenn Sie die Disziplin haben, das bis zum Ende durchzuziehen, gratuliere. Ich hebe mir das Sortieren für die zweite Runde auf. Ich bin froh, wenn ich die Grundgesamtheit der Zettel und Unterlagen im Karton habe.

Beim Verfassen von Texten können Sie mit dem Abschnitt

anfangen, der Ihnen fast schon im Handgelenk sitzt. Zu jedem Thema haben Sie schon ein paar Aspekte im Kopf, die Sie sowieso irgendwo unterbringen müssen. Ich taste mich hier vom Leichten an das Schwere heran. Wenn zum Schluss nur noch der dickste Brocken fehlt, motiviert es mich, die letzte Lücke auch noch zu füllen.

Das einzige, was für den Anfang interessiert, ist, handeln, handeln, handeln.

Ist der Einstieg erst geschafft, fällt es verhältnismäßig leicht, sein Vorhaben voranzutreiben. Bei größeren Arbeiten stellt sich die Herausforderung des Anfangens bei jeder Etappe neu.

Und geben Sie bloß nichts auf »Chef-Schildkröten«.

Anrufe

Mit der Geschichte der Telefonie hat sich auch die Geschichte der aufgeschobenen Anrufe gewandelt. Früher reichte es zu behaupten, der andere sei nicht zu Hause gewesen. Dann kamen die Anrufbeantworter. Die neue Ausrede lautete: »Du weißt doch, ich spreche nicht gerne auf Anrufbeantworter.« Und seit jeder ein Handy hat, wird es für den Kommunikations-Verweigerer richtig eng. Die Glaubwürdigkeit des Spruchs »Handy-Anrufe sind mir zu teuer« ist in Zeiten von Flatrates und Freiminuten auf dem absteigenden Ast.

Unangenehme Anrufe werden leider nicht angenehmer, indem man sie aufschiebt. Eher besteht die Gefahr, die Situation auf diese Weise noch zu verschärfen. Die Gründe, sich nicht gemeldet zu haben, werden mit der Zeit immer fadenscheiniger. Je besser man die möglichen Verläufe des Gesprächs durchspielt, desto leichter fällt es, endlich zum Hörer zu greifen. Oft müssen wir einen Termin absagen oder eine unpopuläre Entscheidung verkünden. Welche Reaktion des Angerufenen ist (neben der Frage, warum wir uns jetzt erst melden …) am wahrscheinlichsten? Wenn unsere Mitteilung für den anderen eine Enttäuschung bedeutet, wird er dies sicher zum Ausdruck bringen. In den meisten Fällen stimmt es den Enttäuschten milde, zu erfahren, dass uns seine Empfindungen nicht egal sind. Zudem kann er unsere Entscheidung am ehesten nachvollziehen, wenn wir ihm einen guten Grund liefern. Für das weitere Vorgehen können wir uns Vorschläge überlegen und unser Verantwortungsgefühl unterstreichen.

Meine Frau sagt in solchen Fällen zu mir: »Wer abnimmt, hat mehr vom Telefon …«

Aufräumen

Welche Sprüche über das Aufräumen kennen Sie?

- *Wer aufräumt, ist nur zu faul zum Suchen.*
- *Ordnung ist das halbe Leben, die andere Hälfte gefällt mir besser.*
- *Nur das Genie beherrscht das Chaos.*
- *Mein Partner muss nur den halben Haushalt machen, der Rest bleibt halt liegen.*

Fassen wir also zusammen: Unordnung ist ein Zeichen von Fleiß, Genussfähigkeit, Genialität und Geschlechtertrennung. Dennoch finden wir immer wieder Gründe zum Aufräumen. Das bedeutet so viel wie suchfaul, genussfeindlich, dumm und gleichberechtigt zu sein.

Die einen müssen aus dem Grund aufräumen, weil die Putzhilfe kommt. Die anderen müssen aus dem Grund aufräumen, weil die Putzhilfe da war und einen Haufen Müll hinterlassen hat. Der Dreck heiligt die Mittel.

Wenn Sie einen wirklich guten Grund gefunden haben, Ihre Wohnung aufzuräumen, dann laden Sie sich bald Besuch ein. Wählen Sie Personen, bei denen Sie einen ordentlichen Eindruck hinterlassen möchten. Das Aufräumvolumen lässt sich durch freiherziges Ausmisten reduzieren. Alles, was Sie seit einem Jahr nicht mehr in die Hand genommen haben, ist ein Spitzenkandidat zum Entsorgen, Verkaufen oder Verschenken. Teilen Sie sich die Arbeit in viele kleine Teilschritte ein. Zum Beispiel: Am ersten Tag das Altpapier zusammensuchen und wegbringen. Am zweiten Tag das Alt- und Pfandglas sortieren und einwerfen bzw. abgeben. Am dritten Tag alle Gegenstände an ihren ursprünglichen Ort räumen. Für alle Dinge, die noch keinen festen Platz haben, bestimmen Sie eine Systematik. Schaffen Sie sich durch neue Regale, Schränke, Schubladen und Kisten den Raum, der Ihnen hierzu im Moment noch fehlt. Wenn die gewünschte Ordnung hergestellt ist, hat es sich bewährt, einen festen Termin in der Woche zu bestimmen, an dem Sie grundsätzlich aufräumen.

Ich sage jeden Samstag zu meiner Frau: »Ich mache jetzt ein Haushaltsmodul!«

Aber was sind schon Worte, wenn die Badewanne frei ist …

Blockaden

Was geht, wenn nichts mehr geht? Trotz aller guten Vorsätze und Vorkehrungen kann es zu Blockaden kommen. Man fühlt sich wie das Kaninchen vor der Schlange. Die Gedanken geraten auf eine Rutschbahn und ziehen das Selbstwertgefühl nach unten. Trotzdem fällt es schwer, sich einfach aus der Situation zu befreien. Denn dann vertagt man die Angelegenheit um ein Neues, was man ja dieses Mal mit allen Mitteln verhindern wollte. Gefühle der Scham sind die lähmende Folge. In der Rückschau fällt die Bilanz dennoch nicht positiver aus: Die Zeit wurde mit Selbstgeißelungen verbracht. In der Sache ist man genauso wenig voran gekommen, als hätte man dieselben Stunden am Badesee gelegen.

Blockaden können viele Ursachen haben. Häufig schützen Sie uns vor Angstzuständen und Überforderung. Bestimmt kennen Sie aus Ihrem Umfeld Fälle, bei denen Ihnen dieser

Schutzmechanismus vollkommen plausibel erscheint. Die Freundin, die an einem Wochenende Ihre Steuererklärung schaffen will. Der Bekannte, der erst einen Abend vorher die wichtige Präsentation für den Chef vorbereitet. Die Sekretärin, die bis morgen die Abrechnung fertig haben muss, wobei ihr noch die Hälfte der Unterlagen fehlt …

Sobald für Sie fest steht, dass Sie in einer Blockade stecken, die Ihnen das Anfangen unmöglich macht, könnten Sie etwas Neues ausprobieren. Während man sich bisher noch eine Weile selbst gequält hat oder die Flucht in eine angenehmere Tätigkeit wählte, bietet sich hier ein Orts- und Rollenwechsel an. Gehen Sie an einen angenehmen Platz und nehmen Sie sich etwas zum Schreiben mit. Sie wechseln in die Rolle des Beraters und betrachten Ihr Projekt nun von außen. Sollten Sie die Möglichkeit haben, dies gemeinsam mit einer Person Ihres Vertrauens zu tun, umso besser. Notieren Sie sich Antworten auf folgende Fragen:

- Wie viel Prozent der Aufgabe wurden schon erfüllt?
- Unter welchen Rahmenbedingungen war es möglich, diese Prozentzahl zu erreichen?
- Wie kann ich diese Rahmenbedingungen wiederholen?
- Wie viel Zeit habe ich für die messbaren Arbeitsfortschritte gebraucht? (Zum Beispiel bei Texten: Wie lange brauche ich für eine Seite?)
- Passt dieser Erfahrungswert über meinen realistischen Zeitbedarf zur Bewältigung der Aufgabe zu meiner bisherigen Zeitplanung? Wie viel Zeit werde ich wirklich brauchen, um es überhaupt bis zum geplanten Termin schaffen zu können?
- Wie kann ich mir den nächsten Arbeitsschritt so realistisch definieren, dass ich ein Erfolgserlebnis habe? Ich habe Erfolg, wenn ich nach 45 Minuten das messbare Ziel XY erreicht habe.

Die schriftlichen Ergebnisse dieser Bestandsaufnahme geben Orientierung wie ein Pflock in der Realität. Es ist manchmal nicht leicht, sich mit den Grenzen des Möglichen zu konfrontieren. Je nachdem, wie wichtig einem das Ziel ist, erhöht sich die Motivation, den mühsamen Weg in den Grenzen des Möglichen zu gehen. Starker Trost: Die Lorbeeren des Erfolges bleiben Ihnen ein Leben lang erhalten, während die Strapazen im Vorfeld mit der Zeit verblassen.

Belohnungen

Die Aussicht auf eine Belohnung motiviert unser Handeln. Es ist unglaublich, welche Opfer die Teilnehmer von Casting-Shows wie *Deutschland sucht den Superstar* unbezahlt auf sich nehmen, weil sie die Hoffnung auf den Hauptgewinn antreibt.

Belohnungen sind nicht zufällig ein zentrales Element der Lerntheorie. Belohntes Verhalten wird verstärkt, bestraftes Verhalten abgeschwächt. Diese Wirkung entfaltet sich am besten, wenn die positive Konsequenz unmittelbar nach der gewünschten Leistung erfolgt.

In der Hausapotheke gegen Aufschieberitis gehört die empfohlene Tagesdosis an Belohnungen zur Grundausstattung. Passend zu den fein dosierten Arbeitseinheiten, sollten auch adäquate Belohnungen eingeplant werden. Es muss nicht immer ein Schallplattenvertrag sein. Das Belohnungszentrum in unserem Gehirn reagiert auf viel bescheidenere Reize (Schokolade, Musik, Kaffee, Kino, Fernsehen, Telefonieren, Internetsurfen usw.)

Auf den Lern-Seminaren, die ich an der Uni gebe, bin ich erstaunt, wie schwer es den meisten fällt, sich für einen Meilenstein zu belohnen. »Was soll der Blödsinn? Ich belohne mich, wenn alles vorbei ist«, höre ich als typische Antwort. Der Wissenschaftsautor Stefan Klein (Klein 2008) ist aufgrund seiner Recherchen überzeugt, dass sich selbst Konzentrationsstörungen bei Kindern mit einem punktgenauen Belohnungs-Management verflüchtigen würden. Anscheinend stehen wir hier den Zirkustieren näher als wir glauben …

Den konsequenten Gegenpol zu den Belohnungen bilden die Sanktionen, die weiter unten beschrieben sind.

Checklisten

Checklisten sind die Geheimwaffe gegen Chaos. Man kennt das: Trotz flüchtiger Vorbereitung, hat man die Hälfte vergessen. Am Flughafen fehlen die Pässe, im Restaurant fehlt das Portemonnaie und bei der Einreise fehlt das Visum.

Die berühmteste Form der Checkliste ist die Einkaufsliste. Kleiner Aufwand, große Wirkung. Doch auch bei allen erdenklichen Gelegenheiten sparen Checklisten Zeit und Nerven:

- Was muss ich für das Referat/die Präsentation mitnehmen?
- Welche Fragen muss ich im Meeting stellen?
- Welche Antworten muss ich im Meeting parat haben?
- Welche Standard-Checklisten könnte ich mir für Standard-Aufgaben entwickeln?
- Was muss auf der Checkliste stehen, damit ich Fehler bei der Umsetzung vermeide?
- Was muss auf der Checkliste stehen, damit ich auf alle Unwägbarkeiten vorbereitet bin?

Formulieren Sie Ihre Posten auf der Checkliste so, dass sie eindeutig als erfüllt abgehakt werden können. Die größte Motivation, eine Checkliste zu schreiben, entsteht nach Pleiten, Pech und Pannen. Wenn in Ihnen das Gefühl brodelt »So etwas will ich nie wieder erleben«, nutzen Sie die Checkliste als Ventil, um beim nächsten Mal auf alles vorbereitet zu sein.

Beispiel:
Checkliste zur Vorbereitung eines Außentermins

- Datum und Uhrzeit des Gesprächs?
- Adresse und ggf. Gebäude- und Zimmernummer?
- Wie reise ich an? Auto oder Zug? Wie kommt man vom Bahnhof zur Adresse?
- Wann muss ich losfahren, damit ich auf jeden Fall pünktlich bin? Staugefahr?
- Wer nimmt alles an dem Gespräch teil? Namen, Positionen?
- Wer hat zu dem Gespräch eingeladen? Name, Position, Telefonnummer?
- Was ist das Ziel des Gesprächs?
- Welche Interessen vertrete ich in dem Gespräch?
- Welche Interessen vertreten die jeweils anderen Teilnehmer?
- Welche Informationen fehlen mir noch, um mich vorzubereiten?
- Wie bereite ich mich vor? Handout? Präsentation? Technik organisieren?
- Wann und wie lange bereite ich mich vor?

Cliffhänger

Der Begriff stammt aus dem Bereich des Drehbuchschreibens. Wenn zum Beispiel mitten in Ihrer Lieblingskrimiserie die Werbung reinplatzt, ist es gerade so spannend, dass Sie nach der Unterbrechung weiter schauen. Dieser dramaturgische Kniff funktioniert auch, um nach Arbeitspausen wieder den Anschluss zu finden. Schreiben Sie bei schriftlichen Tätigkeiten vor der Erholungsphase den letzten Satz nur halb. Nach der Pause vollenden Sie den Satz und haben den ersten Schritt zur Fortsetzung Ihrer Aufgabe schon getan.

Die besten Aufgaben sind die, die Sie an andere delegieren können. Gerade C-Prioritäten (nicht wichtig, aber dringend) eignen sich hier hervorragend. Als erstes sollten Sie Ihre C-Prios an diejenigen delegieren, die Ihnen noch einen Gefallen schulden. Es gibt bestimmt genügend Menschen, die regelmäßig Ihre Hilfe in Anspruch nehmen. Räumen Sie Ihr symbolisches Guthaben ab, dass Sie sich bei anderen mit Ihrer Gutmütigkeit angespart haben.

Merkwürdigerweise fällt es uns oft schwer, eine Tätigkeit in fremde Hände zu legen, während wir selbst gerne für Freunde und Kollegen einspringen. Delegieren heißt vertrauen. Und Abschied nehmen von dem Glaubenssatz, dass man immer alles selber machen müsse. Sie sind ersetzbarer als Sie denken. Zum Glück! Sonst müssten Sie ja alles selber machen …

Übung

Notieren Sie 10 Dinge, die Sie delegieren könnten:

1. ______________________________
2. ______________________________
3. ______________________________
4. ______________________________
5. ______________________________
6. ______________________________
7. ______________________________
8. ______________________________
9. ______________________________
10. ______________________________

Jetzt haben Sie in diesem Buch gelesen, dass Sie scharf zwischen Arbeit und Freizeit trennen sollen und sich Erholungspausen gönnen dürfen. Wie setzen Sie dies aber um, wenn Ihr innerer Motor nicht zur Ruhe kommt?

Selbst Entspannung kann man lernen. Und das sogar ohne Anstrengung. Bewährte Entspannungstechniken sind das Autogene Training und die Progressive Muskelentspannung.

Das Autogene Training ist gut erforscht und wurde in den 1930er Jahren von dem Nervenarzt Johannes H. Schultz entwickelt. Hier nutzen Sie die Nervenimpulse, die durch Ihre Gedanken ausgelöst werden. Selbst wenn Sie nur daran denken, den Finger zu heben, empfangen Ihre Fingermuskeln von Ihrem Nervensystem einen messbaren Reiz. Im Autogenen Training kehren Sie dieses Prinzip um. Mit Ihren Gedanken senden Sie Ihrem Körper Entspannungssignale. Ein Beispiel: Sie legen sich in ruhiger Atmosphäre auf den Rücken. Als erstes konzentrieren Sie sich auf den Gedanken: Mein linker Arm ist schwer. Sie spüren diesem Satz in Ruhe nach. Mit etwas Übung wird sich Ihr Arm schwer wie Blei anfühlen. Die Entspannungsübung wird mit einer Reihe von Gedanken fortgesetzt.

Ihre Volkshochschule bietet zum Autogenen Training erschwingliche Kurse an. Das Verfahren eignet sich gut, um es anschließend in Eigenregie anzuwenden.

Bei der Progressiven Muskelentspannung des Physiologen Edmund Jacobson spannen Sie annähernd alle Muskeln Ihres Körpers nacheinander ganz bewusst an, um sie anschließend wieder bewusst zu entspannen. Die Anspannung dauert fünf bis sieben Sekunden lang. Sie nehmen die Spannung deutlich wahr, ohne dabei Schmerzen oder Verspannungen herbeizuführen. Anschließend erleben Sie intensiv das Gefühl der Entspannung. Das Entspannungsgefühl wird auf diese Weise vertieft und verinnerlicht. Im Alltag nehmen Sie schon nach ein paar Trainings Ihre verspannten Muskeln präzise wahr. Als Fortgeschrittener gelingt es Ihnen, nur durch das Abrufen des gespeicherten Entspannungsgefühls, einen Muskel zu lockern. Auch die Progressive Muskelentspannung eignet sich, um sie auf Dauer alleine durchzuführen. Sollte sich in Ihrer Nähe kein Kurs finden, lässt sich die Technik auch mit der Hilfe von Audio-CDs erlernen.

Erschöpfung

Das Gefühl der Erschöpfung ist ein wichtiges Signal, um an unserem Erholungsmanagement zu feilen. Nur auf diese Weise erhalten wir das nötige Stopp-Schild, um rechtzeitig Pausen einzulegen und unseren Zeitplan der Realität anzupassen.

Manche geraten, wenn Sie sich schlapp fühlen, in den Strudel der Selbstabwertung. Die Gedanken bewegen sich spiralförmig abwärts: »Warum bin ich nicht so belastbar wie die anderen? Ich schaffe das nicht. Ich kann nicht mehr. Solange ich so schnell erschöpft bin, werde ich nicht glücklich …«

Auch bei diesem schnell ermüdenden Thema finde ich die Ausnahmen spannender als die Regel. Ich möchte Sie auf ein kühnes Gedankenspiel einladen. Natürlich nur mit Ihrer Erlaubnis … Was würden Sie machen, wenn Sie aufgrund einer Weissagung wüssten, dass sich der Grad Ihrer Belastbarkeit in diesem Leben nicht mehr verändern würde? Wie würden Sie ab jetzt Ihre Leistungsphasen nutzen?

Manchmal ist es weniger erschöpfend, seine Energie in Freiräume zu stecken als sich an den Grenzen des Möglichen aufzureiben.

EZAT-Formel

Wie viele Zeitplankonzepte haben Sie sich schon angesehen und wie wenig haben Sie davon bisher umgesetzt? Ich möchte Ihnen hier eine griffige Formel von mir vorstellen, die sich leicht merken und anwenden lässt. Die Abkürzung EZAT steht für Ein Ziel Am Tag. Es bleibt Ihnen unbenommen, an einem Tag mehrere Ziele zu erreichen. Doch bei der Auswertung der Tages-Bilanzen von Aufschiebern stellt sich oft heraus, dass der wichtigste Schritt des Tages nicht ausgeführt wurde. Deshalb legen Sie mit EZAT Ihr Minimalziel fest. Die Umsetzung sollten Sie mit Zähnen und Klauen verteidigen. Denn gerade wenn Sie denken, ich habe den ganzen Tag Zeit, nehmen die Zeitdiebe und Ablenkungs-Propheten die Verfolgung auf. Sollte Ihnen die Anwendung der EZAT-Formel zu einfach fallen, erhöhen Sie den Einsatz. Setzen Sie sich ein realistisches, aber ehrgeizigeres Tagesziel.

Flow

Nach Auffassung der Glücksforschung tritt der Flow in dem Moment ein, in dem wir vollkommen in einer Tätigkeit aufgehen. Der Flow ist das gelobte Land für Anschieber. Ein Zustand, der Zeit und Raum beim Arbeiten vergessen lässt.

Lange Zeit wollte ich von diesem Flow-Zirkus nichts wissen. Ich verglich den Flow mit der Ausschüttung des Glückshormons Endorphin beim Sport. Es erfordert langes Training, bis der Körper diese Belohnung spendiert. Hingegen ist der Flow leichter zu haben. Ohne große körperliche Anstrengung. Wenn Sie auch einen Flow erleben möchten, schaffen Sie sich möglichst gute Arbeitsbedingungen. Sie brauchen das Gefühl, freie Bahn zu haben. Das Gefühl, großzügig Zeit zu genießen, um sich in Ihr Thema rein fressen zu können. Wichtig ist die Gewissheit, der Aufgabe gewachsen zu sein. Dazu braucht die Aktivität ein klares Ziel. Für das Resultat ist es wichtig, kurzfristig Rückmeldung zu erhalten. Es begünstigt den Flow, schnell zu erfahren, ob wir etwas richtig oder falsch gemacht haben. Kurz: Man organisiert sich für den Flow die Bedingungen, um die Situation unter Kontrolle zu haben.

Mit dem nötigen Durchhaltevermögen geraten Sie früher oder später in die Flow-Phase. Ihre Aufgabe packt Sie bei den Hörnern und zieht Sie mit. Die Zeit vergeht wie im Flug. Ihre Sorgen verschwinden wie von selbst.

Vielleicht stellen Sie sich unter einem Glückszustand etwas anderes vor. Selbst wer auf der Welle des Flows reitet, wird merken, dass die Dinge mehr Zeit fordern als einem lieb ist. Doch im Flow zu arbeiten ist nicht das Schlechteste. Schließlich zählt jede Minute, die uns unseren Zielen näher bringt.

Gedankenstopp

Zu den Grunderfahrungen des routinierten Aufschiebers gehören die schwindelerregenden Fahrten auf dem Gedankenkarussell. Die Karussellbremse ist der Gedankenstopp. Die Methode stammt aus der Kognitiven Verhaltenstherapie. Wenn Sie sich mit Ihren Gedanken nicht mehr im Kreis drehen möchten, sagen Sie am besten laut: STOPP. Sie können es auch ganz schnell und energisch hintereinander sagen. Dann wenden Sie sich ruckartig einer vollkommen anderen Sache zu. Es darf auch etwas sehr angenehmes sein, das Ihnen schnell gute Laune macht. Ihr Lieblingsfilm auf YouTube, Ihr Lieblingslied, Ihr Lieblingsfoto aus dem Urlaub. Legen Sie sich einen Vorrat an Gute-Laune-Gedanken an. Es gibt viel schönere Dinge, die Sie bewegen können, als Karusselle.

HEIKE-Formel

Als Formel-Fan habe ich für Sie im Anschieberitis-Labor HEIKE kreiert. Die rettende Freundin für Perfektionisten.

HEIKE ist die Abkürzung für: Halte Es Immer Klein und Einfach. Wie schnell verrennen wir uns in einen Ausführlichkeitswahn. Um die Gefahr zu bannen, bei der Erledigung einer Sache päpstlicher zu sein als der Papst, holt uns HEIKE auf den Boden der Tatsachen zurück. Wenn wir zum Beispiel keine genauen Vorgaben bekommen haben, wie wir ein Protokoll schreiben sollen, stehen wir vor einer Entscheidung. Nehmen wir jeden Fliegendreck der Sitzung mit auf oder fassen wir die Ergebnisse knackig zusammen? Im Zweifel entscheiden wir uns für HEIKE. Sollte es jemand in Nachhinein groß und kompliziert wünschen, haben wir dazu immer noch Gelegenheit. Die englische Zwillingsschwester von HEIKE heißt übrigens KISS: Keep It Small and Simple.

Humor

Sicher haben Sie die Schwächen anderer schon oft mit Humor genommen. Sie schmunzelten vielleicht mitfühlend über Ihren Gast, der in letzter Minute noch die letzten Blumen an der Tankstelle ergattert hat. Den Preis seines Last-Minute-Präsentes konnten Sie dem Etikett entnehmen …

Das Tragische birgt das Komische. Und umgekehrt. Schon Aristoteles stellte fest, wenn es nicht zur Katastrophe kommt, sind Komödie und Tragödie die beiden Seiten einer Medaille. Wann haben Sie das letzte Mal über sich selbst gelacht? Oder über die tragikomischen Umstände, in die Sie sich wieder mit Bravour manövriert haben? Die Lage ist hoffnungslos, aber nicht ernst.

Humor zählt zu den sichersten Auswegen des Menschen gegen mentale Sackgassen. Viel Freude kommt bei den Fragen auf: Was müsste ich tun, um mein Projekt an die Wand zu fahren? Wie müsste ich mich verhalten, um meinen Auftraggeber vollkommen vor den Kopf zu stoßen? Was wäre das absurdeste Ergebnis, das ich abliefern könnte?

Vor meinem Staatsexamen in Pädagogik, Germanistik und Politik stellte ich mir zur großen Erheiterung vor, ich würde während der Prüfung versuchen, den Professoren meine Armbanduhr zu verkaufen: »Ich kann Ihnen einen guten Preis machen. Wirklich!«

Eine andere lustvolle Phantasie war, sie beim Thema Außenpolitik mit der Frage zu verblüffen: »Soll ich mal eine Ente nachmachen?«

Es geht nicht darum, mit solchem Nonsens das Aufschieben noch zu beflügeln, indem man seinen Zielen die Ernsthaftigkeit nimmt. Vielmehr schafft Humor den nötigen Abstand, um sich unbefangener einem Thema annähern zu können und dabei die gute Laune nicht zu verlieren.

Kontrolle

Die Kontrolle ist besser als ihr Ruf. Sie ist der Spiegel, ohne den wir unsere Fortschritte nicht erkennen könnten. Wenn wir uns schon die Mühe machen, Ziele, Zwischenziele und Arbeitspakete zu definieren, wäre es nur die halbe Miete, die Umsetzung im Dunkeln zu lassen. Ohne Kontrolle ist man unterwegs wie in einem Auto ohne Kilometerzähler. Es gibt keine Möglichkeit, die bereits zurückgelegte Strecke zu messen. Keine Angaben, um die restliche Entfernung zum Ziel zu berechnen.

Wer sich täglich Rechenschaft gibt, ob er seine geplante Leistung in der vorgesehenen Zeit geschafft hat, bringt sich in Kontakt mit der Realität. Nur auf diese Weise kann der Aufwand dem Ziel realistisch angepasst werden.

Am nachhaltigsten kontrollieren Sie sich schriftlich. Ein Anschiebebuch unterstützt Sie, Ihre Fortschritte festzuhalten. Nehmen Sie sich jeden Abend ein paar Minuten Zeit, um Ihr messbar definiertes Tagesziel mit dem tatsächlich Erreichten abzugleichen. Dies ist auch die Gelegenheit zu planen, was

Sie sich für den nächsten Tag vornehmen und ob bzw. wie Sie sich für das Ergebnis belohnen oder sanktionieren möchten.

Kraftquellen

Die Studien der Glücksforschung kommen seit Jahren zu ähnlichen Ergebnissen. Keine Rolle für das Glücksempfinden scheinen die Intelligenz, das Geschlecht und die persönliche Reife zu spielen. Dafür gilt es als Glücksfaktor, bereits selbst gesetzte Ziele erreicht zu haben. Eine positive Einstellung zum Leben öffnet den Blick für die vielen kleinen Glücksmomente im Alltag. Hilfreich ist die tägliche Bilanz: Was habe ich heute an schönen Situationen erlebt?

Die Kraftquellen des Menschen sind Familie, Freundschaften und gute zwischenmenschliche Beziehungen. Das Singen im Chor hat besonders hohe Werte auf der Glücksskala. Hier wird die glücksfördernde Geselligkeit mit der Glücksressource Musizieren verknüpft. Das Gefühl und die Fähigkeit, sein Leben selbst in die Hand zu nehmen, führen zu vielen positiven Erlebnissen. Denn Glücksmomente lassen sich aktiv herbeiführen. So investieren glückliche Menschen viel in ihre sozialen Beziehungen. Auf diese Weise erfahren sie häufig Wertschätzung und Anerkennung. Weitere Kraftquellen sind Essen, Reden, ein erfülltes Liebesleben, Hobbys, Sport und Freizeitvergnügen wie Kino und Theater.

Interessanterweise lösen die Aktivitäten Fernsehen, Ausruhen und Körperpflege nur neutrale Gefühle aus. Aber das ist kein Unglück.

Kreativitätstechniken

Manchmal will einem auch gar nichts einfallen. Man sitzt wie ein leeres Gefäß vor dem weißen Blatt Papier oder dem unbefleckten Bildschirm. Selbst wenn sich eine Idee schemenhaft abzeichnet, wird Sie von uns gleich als nichtig abgetan. Es gibt ein paar Standardtechniken, mit denen Sie Ihre Kreativität systematisch auf Touren bringen können.

- *Brainstorming / Brainwriting (nach Alex F. Osborne)*
  Diesen Begriff hat zwar jeder schon einmal gehört, die genauen Regeln sind jedoch weniger bekannt. Die Kunst ist es, mündlich und/oder schriftlich alle erdenklichen Lösungsideen zu einer bestimmten Problemstellung zu sammeln. Die Vorschläge dürfen aber in der Sammelphase nicht bewertet werden. Ich erlebe häufig, wie schwer diese Übung vielen fällt. Das Ziel vor Augen, dauert es nicht lang, und der erste ruft zum Beispiel: »Also, dieser Vorschlag für den Firmennamen geht überhaupt nicht.«
  Wenn Sie mit sich alleine brainstormen, pfeifen Sie Ihren »inneren Zensor« zurück. Lassen Sie es nicht zu, dass der Sturm Ihrer Ideen von abwertenden Gedanken gedeckelt wird. Erst nach Abschluss der Sammelphase dürfen die Ergebnisse nach Gruppen sortiert und bewertet werden.

- *Bizoziation (nach Arthur Koestler)*
  Hier bringen Sie Sinnbereiche zusammen, die sich sonst nicht berühren würden. Es lohnt sich, für diese Übung eine Postkartensammlung aufzubauen, die ein breites Spektrum an Motiven abdeckt. Den gleichen Zweck erfüllen aber auch Fotos aus Büchern, Zeitungen und Illustrierten.

  Beispiel:
  Die Aufgabe lautet »Wie bekomme ich meine Aufschieberitis in den Griff?«
  Hierzu ziehe ich drei Postkarten aus einem Stapel. Die gezogenen Abbildungen dürfen nichts mit dem Sinnbereich der Frage zu tun haben. Kreativ wie ich bin, verschränke ich die Übung mit einer anderen Kreativitätsmethode, der

Bionik. In der Bionik schaut man sich die Strategien aus dem Tierreich ab und überträgt sie auf das Menschenreich. Nachdem ich die drei Karten gewählt habe, schreibe ich meine Assoziationen auf. Auf welche Lösungen bringen mich die Bilder?

Postkarte 1 zeigt einen Pinguin beim Brüten
Assoziation: Bei den Pinguinen wechseln sich die Eltern mit dem Brüten ab. Während der eine brütet, hat der andere Zeit zur Nahrungssuche. Das bedeutet für mich: Wie kann ich die Hälfte meiner Zeit gewinnen, indem ich Aufgaben an andere delegiere?

Postkarte 2 zeigt ein Krokodil im Wasser
Assoziation: Das Krokodil ist ein Meister der Energieeinteilung. Es kann bis zu zwei Jahre ohne Nahrung auskommen. Wenn das Raubtier zum Jagen länger unter Wasser bleiben muss, reduziert es seinen Puls auf zwei Herzschläge pro Minute.
Was für eine Ökonomie! Wie kann ich es schaffen, meine Kräfte genauso für das Wesentliche zu bündeln? Anhänger der 80:20-Regel (Pareto-Prinzip) glauben, dass die meisten 80 % ihres Aufwands betreiben, um 20 % ihrer Ergebnisse zu erzielen. Beim Krokodil ist es umgekehrt. Ich werde ins Schwimmbad gehen, mich in seichtes Gewässer legen und darüber nachdenken. Sollte ich nach zwei Jahren nicht wiederkommen, dann bringen Sie mir bitte etwas zu Essen.

Postkarte 3 zeigt eine Meeresschildkröte
Meeresschildkröten-Weibchen durchstreifen Jahrzehnte lang die Ozeane und finden über Distanzen von 2000 Kilometern zum Strand ihrer Geburt zurück. Sie orientieren sich am Erdmagnetfeld. In ihrem Gehirn bilden sich Stoffe, die wie eine Kompassnadel auf die Magnetstrahlen reagieren. So bildet sich von Geburt an ein Ortsgedächtnis, das alle

geografischen Koordinaten speichert. Den Weg zum Geburtsstrand findet die Schildröten-Mutter, indem sie die Informationen über zurückgelegte Strecken rückwärts abruft. Was will mir Mutter Natur damit sagen? Mit einem guten Ordnungssystem lässt sich selbst nach langer Zeit alles wiederfinden. Man braucht dafür nur ein gutes Gedächtnis und die richtigen Hilfsmittel. Vielleicht sollte ich sofort ins Auto steigen, das Navi einschalten und den Ort meiner Geburt eingeben. Wenn ich jetzt bloß wüsste, wo ich mein Navi hingelegt habe. Es ist manchmal auch zum Eierlegen …

- *Osborne-Liste (Auswahl)*
Diese Liste umfasst einen ausführlichen Katalog von Anregungen, um sein Thema in alle Richtungen umzuformen. Das radikale Querdenken kann zu ungeahnten Lösungen führen. Anhand ausgewählter Aspekte wende ich die Osborne-Liste auf unsere Materie Aufschieberitis an.

1. *Anders verwenden*
   Könnte man die Sache anders als normalerweise verwenden? Wer könnte sie noch verwenden?
   Man könnte das Aufschieben aufschieben. Workaholics sollten lernen, aufzuschieben.

2. *Anpassen*
   Was ist ähnlich wie die Sache, sieht so ähnlich aus, funktioniert ähnlich, ist ähnlich beschaffen? Gibt es Parallelen? Könnten Sie von einer ähnlichen Sache etwas übernehmen?
   Hartes Aufschieben hat Sucht-Charakter. Ohne das Genussmittel scheint es nicht mehr zu gehen, aber man fühlt sich abhängig. Einsicht ist auch hier der erste Schritt zur Besserung.

3. *Verändern*

Können Sie die Sache verändern? Überprüfen Sie daraufhin alle Merkmale: Form, Farbe, Größe, Gewicht, Material, Klang, Geruch, Beweglichkeit, Zweck usw. Können Sie etwas weglassen oder hinzufügen?

Ich kann den Zweck der Aufschieberitis verändern. Anstatt Erfolge aufzuschieben, schiebe ich ab jetzt nur noch Misserfolge auf.

4. *Vergrößern*

Können Sie die Sache vergrößern? Können Sie sie höher, länger, dicker, breiter, tiefer, schwerer usw. machen oder vervielfältigen, die Häufigkeit erhöhen?

Ja. Ich kann die Prokrastination vergrößern, indem ich absolut alles vertage. Auch die Dinge, die mir Spaß machen. Ein spannendes Experiment. Ein Vorbild habe ich auch schon. Ilja Iljitsch Oblomow. In dem Roman von Iwan Alexandrowitsch Gontscharow erhebt der Titelheld den Mittagsschlaf zum Mittelpunkt seiner täglichen Aktivitäten. Seinen Plan, den väterlichen Landsitz zu erhalten, verschiebt er mit Bravour auf morgen. Da er das Bett kaum noch verlässt, muss er über Jahre nicht mit ansehen, wie das Anwesen verfällt. Das hat was. Ich werde morgen früh das Aufstehen reiflich überdenken …

5. *Verkleinern*

Können Sie die Sache verkleinern? Können Sie sie niedriger, kürzer, flacher, dünner, schmaler, leichter usw. machen oder verringern?

Erst nur noch einmal am Tag aufschieben. Dann nur noch einmal im Monat. Und schließlich nur noch einmal im Jahr.

6. *Kombinieren*
   Können Sie die Sache oder Teile von ihr mit etwas anderem verbinden, in einen größeren Rahmen einfügen, in anderem Zusammenhang einsetzen?
   Ich kann das Aufschieben mit dem Anschieben kombinieren. Ich belohne mich für jeden Arbeitsfortschritt mit einer Ablenkung, die ich früher zum Schieben verwendet habe.

- *Kreativitätsspiele*
  Um ins geistige Arbeiten zu kommen oder sich zwischen zwei Arbeitsschritten zu erholen, bieten Kreativitätsspiele einen mentalen Tapetenwechsel. Sie hellen die Stimmung auf und bringen die grauen Zellen wieder in Schwung.
  Beispiel für ein Kreativitätsspiel:

  Nennen Sie mindestens fünf Dinge, die Sie anders machen würden als heute, wenn:

  - Das Geld abgeschafft würde?
  - Es keine Telefone und Handys geben würde?
  - Es keine Computer geben würde?
  - Der Mensch ohne Nahrung auskommen würde?
  - Alle Menschen die gleiche Sprache sprechen würden?
  - Es keine Pflichten und Aufgaben mehr geben würde?
  - Es keine Aufschieberitis geben würde?

Lernen lernen

Das Lernen für Schule, Studium oder Beruf ist ein besonders guter Nährboden für Aufschieberitis. Zu der frustrierenden Erfahrung beim Lernen, was man alles noch nicht weiß, gesellt sich die Ungewissheit, ob der Lernaufwand für die mündlichen und schriftlichen Prüfungen reichen wird. Sicher sind Sie daran interessiert, Ihre Ressourcen möglichst effektiv einzusetzen. Zum Glück können Sie Ihre persönlichen Lernkompetenzen nach den Erkenntnissen der Lernforschung ausbauen.

Unser Gehirn bevorzugt bestimmte Darreichungsformen, um neues Wissen zu speichern. Das neue Wissen landet zuerst im Kurzzeitgedächtnis. Wenn es dort nicht bald wieder abgerufen wird, verschwindet es wieder, um den begrenzten Speicherplatz freizugeben. Spannend ist für uns die Frage, unter welchen Umständen frische Informationen besonders gut vom Kurzzeitgedächtnis in den Langzeitspeicher unseres Gehirns geraten. Dort scheint es endlos Platz zu geben. Allerdings wächst mit der Datenmenge auch die Not, das archivierte Wissen im Langzeitgedächtnis wiederzufinden. Deshalb brauchen wir ein Ordnungsprinzip, um uns in der gigantischen Bibliothek der Erinnerung zurechtzufinden. Es gilt, Spuren zu legen, um das Gelernte zielsicher im Labyrinth unserer grauen Zellen aufspüren zu können. Für das Lernen haben sich drei methodische Hauptansätze heraus kristallisiert.

a) Das Organisieren bzw. Strukturieren des Lernstoffs

Hilfreich ist es, den Lernstoff gut zu strukturieren. Das beginnt mit dem Eingrenzen der Stoffmenge. Dazu sollten folgende Fragen geklärt sein: Welcher genaue Umfang des Lernstoffes wird überhaupt erwartet? Was ist nicht relevant? Wo liegen die Schwerpunkte?

Ist die Stoffmenge eingegrenzt, bietet es sich an, das Themengebiet mit Überschriften in Teilgebiete zu gliedern. So ergeben sich übergeordnete Themen-Stämme, an denen sich die zugehörigen Details wie Äste anheften lassen. Das erleichtert es unserem Langzeitgedächtnis enorm, hierzu eine »Karteikarte« anzulegen.

Liegt der Lernstoff als Text vor, wird die Struktur des Inhalts durch eigene Kapitelüberschriften ermittelt.

b) Tiefenorientierte Lernstrategie: Das Elaborieren (Verstehen und Auseinandersetzen)

Tief im Gedächtnis verankern wir die Lerninhalte, wenn wir ihren Sinn ausgiebig nachvollziehen und uns mit ihnen schriftlich und mündlich auseinandersetzen. Die gedankliche Verknüpfung mit bereits Bekanntem sowie das Umformen in andere Darstellungsweisen liefern unserem Gedächtnis die nötigen Anknüpfungspunkte, um die Informationen besser und länger zu behalten. Hierbei sind der Phantasie keine Grenzen gesetzt. Wie würden Sie zum Beispiel das Gelernte auf einer Pressekonferenz präsentieren? Wie ließe sich die Materie als Märchen erzählen? Wie würde ein Werbespot für das Thema aussehen? Und so weiter …

Beispiel 1:

Das Thema Aufschieberitis wird elaboriert, indem man es sich als Produkt vorstellt. Ein Marktschreier legt sich für den Verkauf ins Zeug:

Treten Sie näher, meine Damen und Herren!!! Erwachsene umsonst, Kinder die Hälfte!!! Ich präsentiere Ihnen heute eine absolute Weltneuheit. Das einzigartige Wundermittel gegen Versagensängste, Leistungsdruck und Erfolg: Schiebolin! In der praktischen Zwei-Liter-Flasche mit patentiertem Revolver-Sprühkopf.

Jeder kennt das, meine Damen und Herren. Man hat ein Projekt, man müht und quält sich, aber das Projekt will einfach nicht flutschen. Aber diese Zeiten sind jetzt zum Glück vorbei! Denn jetzt gibt es Schiebolin! Einfach etwas Schiebolin auf das Vorhaben aufsprühen und fertig ist die Laube. Dank Schiebolin bildet sich ein aalglatter Schutzfilm auf Ihrer Aufgabe, so dass Sie Ihnen – flitsch-flutsch – aus den Händen gleitet. Nach zwei bis drei Versuchen, Ihre Sache in den Griff zu kriegen, haben Sie es aufgegeben. Und: Wenn man et-

was nicht zu fassen bekommt, braucht man auch nicht mehr darüber nachzudenken. Mit Schiebolin flutscht bei Ihnen einfach alles weg: Ihre Ziele, Ihr guter Ruf, Ihre Karriere …

Schiebolin: Was du heute kannst verschieben, ist dir morgen noch geblieben!

Beispiel 2: Schillers Lied von der Glocke als Hymne an das Aufschieben

Hymne an das Aufschieben. Ein Glockenspiel.

Fest gemauert in der Erden
Steht die Form aus Lehm gebrannt.
Morgen muss die Glocke werden!
Frisch, Gesellen, an den Strand!
Von der Stirne heiß
Rinnen soll der Schweiß,
Soll das Werk bis morgen warten
Wenn wir an die Riviera starten.

Zum Werke, das wir einst bereiten,
Geziemt sich wohl ein guter Wein;
Wenn gute Tropfen uns begleiten,
Wird's Schaffen später leichter sein.

So lasst uns jetzt ganz faul betrachten,
Was der Fleißige anfasst;
Den Anschieber muss man verachten,
Der nie bedacht, was er verpasst.
Das ist's ja, was den Menschen zieret,
Und dazu ward ihm der Verstand,
Dass er im Herzen spüret,
Was er vertagt hat mit der Hand.
Lasst das Holz der Fichte liegen,
Es muss noch trocknen über Nacht.

Wir lassen lieber Drachen fliegen,
Das Wetter hat ein Hoch gebracht.
Auch vom Kupfer lasst die Finger,
wir drehen heut ganz andre Dinger.
Soll man doch beim Glockengießen
Vorher noch den Tag genießen.

Wenn's später mal vom Turme bimmelt,
werd ich dafür nicht angehimmelt.
Warum soll ich mich jetzt schon plagen,
Die Abgabe ist in acht Tagen.
Weiße Blasen seh' ich springen;
Wohl! die Gesellen sind im Meer.
Hör sie laute Lieder singen
Wie Glockenklang, was will ich mehr.
Denn nach dieser Feierstunde
Begrüße ich den Feierabend.
Sitz bald zu Haus, in froher Runde,
Mich an Glocken-Nudeln labend.
Die Jahre fliehen pfeilgeschwind,
Wohl denen, die am Schieben sind.

Jetzo mit der Kraft des Schiebens
Werft die Glocke auf die Halde.
Denn trotz allen Dreh'n und Biegens
Kam sie zu spät und brach schon balde.
Der Auftrag ging wohl in die Hose,
Doch ich ahnte diese Chose.
Sowahr das Schwein sein Schwänzchen ringelt,
Hat's in den Ohren mir geklingelt.
Was lernen wir aus diesem Schocke?
Wer aufschiebt, kriegt eins auf die Glocke!

Beispiel 3: Wie könnte eine Hochzeit von zwei extremen Aufschiebern ablaufen?

Die Kirche ist bis auf den letzten Platz gefüllt. Die Orgel spielt den Hochzeitsmarsch zum Einmarsch der Brautleute, aber keiner marschiert ein. Der Pfarrer räuspert sich pikiert. Nach der sechsten Wiederholung hat der Organist keine Lust mehr und geht nach Hause.

Unruhe bricht aus. Die ersten verlassen den Saal. Plötzlich sprintet das Brautpaar herein. Die Braut stolpert über ihre Schleppe und dreht im Mittelgang ein paar Saltos. Der Bräutigam versucht ihr zu assistieren und erinnert dabei an einen glücklosen Zirkusdompteur. Als die beiden sich gefangen haben, meldet sich die Braut zu Wort.

Braut: Entschuldigung. Wir haben keinen Parkplatz gefunden.
Bräutigam: Haben wir doch.
Braut: Aber vor der falschen Kirche.
Bräutigam: Die Adresse hast du ins Navi eingegeben.
Braut: Was kann ich dafür, dass in deinem blöden Billig-Navi keine Hochzeiten vorinstalliert sind!
Pfarrer: Wir warten schon fast eine Stunde. Ich schlage vor, wir lassen die Liturgie weg und konzentrieren uns nur auf die Trauungszeremonie.
Bräutigam: Wie soll ich mich bei so einer Frau konzentrieren? Seit Wochen schiebt sie es vor sich her, sich mit unserem neuen Navi auseinanderzusetzen.
Braut: Das schlägt dem Fass den Boden aus! Ich soll etwas vor mir her schieben? Das sagst du? Zu mir? Vor Zeugen? Im Beisein eines Pfarrers? Der Mister Aufschieberitis persönlich!
Pfarrer: Also, wenn Sie sich das mit dem Heiraten noch einmal überlegen möchten …
Bräutigam: Das könnte Ihnen so passen! Wir haben schon viel zu lange überlegt!

Braut: DU hast viel zu lange überlegt! Das hat genau so lange gedauert wie deine Doktorarbeit!

Szenenapplaus von IHRER Familie.

Bräutigam: Danke für das Stichwort: Wann wird deine Diss eigentlich fertig!

Szenenapplaus von SEINER Familie.

Pfarrer: Ich frage Sie jetzt zum letzten Mal, möchten Sie jetzt die Trauung beginnen oder nicht.

Braut: Ja, so wahr mir Gott helfe. (küsst ihn) War es das schon? Sind wir jetzt verheiratet?

Bräutigam: Wir haben doch noch gar keine Ringe umgetauscht …

Pfarrer: Getauscht!

Bräutigam: … meine ich doch.

Braut: Hast du das Klavier mitgenommen?

Bräutigam: Was soll jetzt der Blödsinn? Warum sollte ich?

Braut: Da liegen unsere Ringe drauf.

Szenenapplaus von IHRER Seite.

Bräutigam: Jetzt haben wir so lange mit dem Heiraten gewartet, da wird es ja wohl an ein paar ollen Ringen nicht scheitern.

Braut: Du findest unsere Ringe also oll. Hättest ja mitkommen können beim Ringe kaufen. Aber du hattest ja nie Zeit, weil du den halben Tag damit beschäftigt bist, irgendwelche Sachen zu suchen, die du auf einmal ganz dringend brauchst.

Pfarrer: Dann tauschen Sie also keine Ringe. Ich fange jetzt einfach an.

Szenenapplaus von BEIDEN Seiten.

Pfarrer: Möchten Sie, Marianne Klotzbach, geborene Klotzbach, Ihren anwesenden Bräutigam, den Oberstudienrat Hans-Peter Procrastinus Pechstein zu Ihrem angetrauten Ehemann nehmen; ihn lieben und schieben in guten wie in schlechten Tagen, so antworten Sie mit JA.

Braut: JA.

Bräutigam: Antworte bitte im ganzen Satz!
Braut: JA, im ganzen Satz.
Pfarrer: Möchten Sie, Herr Oberstudienrat, Deutsch und Sport, Hans-Peter Procrastinus Pechstein, Ihre anwesende Braut, die Studienrätin Marianne Klotzbach, Mathe/Erdkunde, zu Ihrer angetrauten Ehefrau nehmen; sie lieben und schieben in guten wie in schlechten Tagen, so antworten Sie mit JA.
Bräutigam: Wie war das nochmal im Mittelteil? Vor dem Semikolon? Ich unterrichte Sport nur fachfremd …
Genervtes Raunen aus IHREM Seitenschiff.
Pfarrer: Wollen Sie das JA noch verschieben oder sagen Sie jetzt »JA«?
Bräutigam: JA.
Tosender Applaus. Es regnet Blumen. Der Pfarrer nimmt seinen Jahresurlaub. Es wird gefeiert bis in die Puppen. Man fährt in den Flitterwochen einen Monat lang mit dem Wohnmobil von Hotel zu Hotel. Als der Trubel vorbei ist sagt Hans-Peter zu Marianne:
»Du, damals in der Kirche. Das war doch eine Oder-Frage, die mir der Pfarrer da gestellt hat. Und die kann man doch gar nicht mit Ja beantworten …«

Wer es nicht ganz so spielerisch mag, dem bleiben viele Alternativen: Erklären Sie die Zusammenhänge anderen, setzen Sie das Thema grafisch um, stellen Sie einen Bezug zum Alltag her, verbinden Sie die Details mit Bildern und Symbolen, finden Sie Beispiele … Jede Vernetzung und Gestaltung des Lernfutters ist unserem Gehirn willkommen. So wird der beste Boden bereitet, damit die neuartigen Informationen in unserem Gedächtnis Wurzeln schlagen können.

Wir elaborieren den Stoff auch durch Fragen, die wir an einen Text stellen, um sie nach der Lektüre schriftlich zu beantworten. Die Fragen sind eine gute Grundlage, um das Wissen später in der Wiederholungsphase zu testen.

c) Oberflächenstrategie: Das Wiederholen von Lernstoff
Das oberflächliche Wiederholen, wie wir es zum Beispiel vom Vokabeln lernen kennen, gibt unserem Langzeitgedächtnis weit weniger Anknüpfungspunkte als das tiefer schürfende Elaborieren. Dennoch ist es eine sinnvolle Ergänzung im Lernmethoden-Mix. Vor allem dient es der Überprüfung des vorher elaborierten Stoffs. Hier hat es sich bewährt, bereits nach kleinen Lerneinheiten eine Wiederholungsrunde einzulegen. Wir prägen uns kompakte Wissenspakete besser ein.

Noch ein paar Tipps zum Zeit- und Selbstmanagement. Wie bei der Erledigung anderer Aufgaben gilt auch hier, dass unsere Konzentration nach 45 Minuten rapide absinkt. Deshalb sollte man beim Lernen nach 45 Minuten eine Pause von 10 Minuten einplanen. Das gibt genügend Zeit, um ein paar Schritte zu laufen, aus dem Fenster zu sehen oder frische Luft zu tanken.

Wir speichern das Gelernte am besten, wenn wir unsere geistige »Festplatte« nach dem Lernen nicht mit aufregenderen Reizen überfluten. Wenn wir den Tag in Ruhe ausklingen lassen und nicht zu spät ins Bett gehen, ist der Lerneffekt weitaus größer, als wenn wir uns abends noch ins Leben stürzen. Hingegen würden Sie den Lernstoff auf Ihrer »Festplatte« ein Stück weit löschen, wenn Sie sich abends noch ausgiebig mit einem spannenden Film beschäftigen würden.

Mündliche Prüfungen

Stellen Sie sich vor, Sie wären der Prüfer/die Prüferin. Welche Fragen würden Sie stellen?

Notieren Sie diese Fragen auf Karteikarten und schreiben Sie die Antwort in Stichworten auf die Rückseite. Lernen Sie, indem Sie die Antworten laut aussprechen. Wenn Sie den Stoff können, bitten Sie jemand anderen, Sie anhand der Karteikarten nach dem Zufallsprinzip abzufragen.

Strukturieren Sie den Stoff bildlich. Visualisieren Sie sich eine »Landkarte« auf der Sie Überschriften zu Ihrem Stoffgebiet bilden, denen Sie dann die Inhalte als Unterkategorien zuordnen. Verinnerlichen Sie diese Landkarte, so dass Sie vor Ihrem geistigen Auge jede Frage in der Prüfung einem Punkt in der Landkarte zuordnen können.

Organisieren Sie den Stoff nach Wichtigkeit. Stellen Sie sich vor, morgen wäre die Prüfung und Sie hätten noch nicht gelernt. Was wäre das Wichtigste, was Sie heute lernen würden? Notieren Sie diese Inhalte und fangen Sie beim Lernen mit diesen an.

Übersetzen Sie Ihren Stoff in Fragen. Wenn Sie Ihren Stoff lernen, schreiben Sie sich beim Wiederholen Fragen auf, die sich in der mündlichen Prüfung darauf beziehen könnten (Karteikarten). Wiederholen Sie den Stoff grundsätzlich durch lautes Aussprechen.

Organisieren Sie sich die Gelegenheit, Ihren Stoff möglichst oft jemandem mündlich zu erklären (Lebenspartner, Lernpartner, Lerngruppen).

Musik

Welche Erfahrungen haben Sie beim Arbeiten mit Musik gemacht? Musik eignet sich hervorragend, um Sie für Ihre produktive Phase in die richtige Stimmung zu versetzen. Aber auch während der Aktion schafft Musik für manche die richtigen Voraussetzungen. Denn es gibt nicht wenige, die bei Stille nervös werden. Da fehlt doch was. Und wenn es nur der beruhigende Soundtrack der inneren Unruhe ist. Auch wenn ein Teil der Konzentration vom Musikhören beansprucht wird, kann die musikalische Untermalung unterstützend wirken. Instrumentalmusik eignet sich besser als eine Radiosendung. Die Wortbeiträge reißen Sie bei geistig anspruchsvollen Aufgaben aus Ihren Gedankengängen. Einen ähnlichen

Effekt haben Songtexte, die Sie von Ihrer Sache ablenken können. Falls Sie mit dieser Musikrichtung etwas anfangen können: Gut bewährt zur Kopfarbeit hat sich klassische Musik. Wählen Sie einen Komponisten, dessen Werke Sie eher beruhigen als aufwühlen. Sonst wird aus dem *Ring der Nibelungen* der *Ring des Nie-gelungen.*

Nein sagen

Ich erinnere mich an folgende Geschichte:

Ein fremder Mann klingelt bei einer Frau an der Tür und zieht ungefragt bei ihr ein. Jahrelang lässt sich der ungebetene Gast von seinem Opfer bedienen. Eines Tages ist er so gut genährt, dass er an der Völlerei stirbt. Die Frau wickelt den Haustyrannen in einen Teppich und wirft ihn aus dem Fenster. Dann sagt sie: »Nein«.

Was müsste (noch) passieren, damit Sie nein sagen?

Nein sagen ist selten sozial erwünscht. Wir werden täglich ohne Vorwarnung um einen oder mehrere Gefallen gebeten. Manchmal geht es auch um mehr als einen Gefallen. Es geht um eine weitreichende Zusage, einen Haufen Arbeit zu übernehmen. Nicht nein zu sagen ist die beste Garantie, sich fremdbestimmen und die eigenen Felle davon schwimmen zu lassen.

Das ist absolut menschlich. Wer kassiert schon gerne einen enttäuschten Blick, einen moralischen Seitenhieb oder gar eine Retourkutsche, wenn man das nächste Mal selbst um Hilfe bittet.

Merkwürdig nur, mit welcher Selbstverständlichkeit viele Menschen in Ihrem Umfeld nein sagen. Reißen Sie ihnen dafür den Kopf ab? Oder haben Sie eher Verständnis für die nicht oder nur mager begründeten Absagen?

Wenn Sie das Nein sagen lernen möchten, empfehle ich Ihnen ein einfaches aber wirkungsvolles Training. Denken

Sie ab jetzt bei jeder Anfrage grundsätzlich erst einmal nein. Sollten Sie sich bei Ihrer Entscheidung noch nicht sicher sein, sagen Sie nicht mehr gleich ja, sondern Sie bestehen darauf, dass Sie es sich noch überlegen müssen. Hier trennt sich schnell Spreu vom Weizen. So manches Höflichkeits-Ja wird als Ehrlichkeits-Nein Karriere machen. Sie gewinnen auch Zeit, um die Antwort in Ruhe per E-Mail oder SMS zu verkünden und gegebenenfalls zu begründen.

In der Regel können Ihre Gesprächspartner erstaunlich gut mit dieser Reaktion umgehen. Und für Ihre neuen Neins fallen die Konsequenzen erfahrungsgemäß weit positiver aus als befürchtet.

Notizen

»Denn was man schwarz auf weiß besitzt, kann man getrost nach Hause tragen«, heißt es im Faust. In jedem Arbeitsabschnitt ermöglichen es Notizen, zu planen, zu konzipieren und Stoff zu sammeln. Auch die Gedanken, die Sie vom Thema ablenken, können Sie aufnotieren und wahrscheinlich später für andere Zwecke nutzen.

Notizen sind nützlich. Wenn man im richtigen Moment weiß, wohin man sie nach Hause getragen hat, sind sie noch nützlicher. Den größten Streuverlust haben Ihre Aufzeichnungen auf kleinen gelben Zetteln. Auch wenn diese Zettel selbstklebend sind, übernehmen sie für Ihre Notizen keine Haftung. Mit den Streuartikeln zerstreuen Sie auch Ihre Konzepte in alle Winde.

Bewährt haben sich gebundene Ideenbücher im A4-Format. Doch auch hier liegt die Herausforderung darin, nur eines dieser Bücher zur gleichen Zeit zu nutzen. Zudem unterlaufen Sie das System, wenn Sie die Zettelwirtschaft parallel weiterführen. Es wäre doch zu schade, die notierten Geistesblitze in der Sternstunde des Anschiebens nicht zur Hand zu haben.

Pausen

Bei geistigen Aktivitäten ermüdet unser Gehirn nach 45 Minuten. Planen Sie alle 45 Minuten eine kurze Pause von 10 Minuten ein, in der Sie ein paar Schritte gehen und ihrem Kopf die nötige Erholung gönnen. Das verschwendet keine Zeit, sondern erhöht die Denkleistungen. Die Gefahr ist, Pausen zu weit auszudehnen, wonach es schwer fällt, wieder in sein Thema zu kommen. Deshalb lohnt es sich, nach 10 Minuten auch wirklich weiter zu arbeiten.

Perfektionismus

Perfektionisten sind perfekt genug, um über sich Bescheid zu wissen. Auch ihre Affinität zur Aufschieberitis ist für sie nichts Neues. Sie wissen grundsätzlich fast schon alles. Spannender für sie sind Anregungen, wie man mit seinem Perfektionismus noch perfektere Ergebnisse erzielen kann. Aber bitte Anregungen, die auch sofort funktionieren. Deren Erfolg man messen kann und den man sich nicht einbilden oder schön reden muss.

Perfektionisten stecken in einem Dilemma. Es ist wie beim Bogenschießen. Wenn der Schütze sich zu stark auf das Ziel konzentriert, trifft er daneben. Der Schütze braucht die nötige Gelassenheit. Erst wenn er keine Angst mehr davor hat, daneben zu schießen, trifft er. Solche paradoxen Spielchen kann man mit Perfektionisten nicht machen. Aber wenn es nicht anders geht, ist selbst der Perfektionist bereit, über den Umweg des Loslassens perfekter zuzugreifen.

Übung 1

Machen Sie einmal am Tag anderen gegenüber etwas nicht perfekt. Kurz: Blamieren Sie sich einmal täglich absichtlich in der Öffentlichkeit. Das funktioniert schon mit harmlosen Dingen. Sie können vor dem Hauptbahnhof nach dem Hauptbahnhof fragen. Oder im Restaurant angeblich nicht wissen, was Makkaroni sind. Notieren Sie Ihre Gefühle in einem Tagebuch. Viele Klienten berichten, dass diese Übung es Ihnen ermöglicht, lockerer mit Ihrer Arbeit und den Ansprüchen an sich selbst umzugehen.

Übung 2
Bemühen Sie sich bei Ihrem nächsten Projekt, nicht die Note »Sehr gut«, sondern nur die Note »Gut« zu erzielen. Nehmen Sie das Ziel sehr ernst. Denn nur, wenn Sie eine lediglich »gute« Bewertung bekommen, haben Sie diese Übung perfekt gemeistert. Notieren Sie Ihre Erfahrungen in einem Tagebuch. Die Erfolge der Übung sind ähnlich wie bei Übung 1.

Ping-Pong-Prinzip

Im Windschatten des Aufschiebens lassen sich eine Menge wichtige B-Prioritäten erledigen. Nutzen Sie hierzu die Schubkraft des Aufschiebens. Das strategische Springen zwischen Haupt- und Nebenaufgaben bezeichnet das Ping-Pong-Prinzip. Selbst, wenn Sie über einen längeren Zeitraum Ihre A-Priorität nicht anpacken, motivieren Sie sich mit dieser Methode, viele wichtige Dinge zu erledigen, die Sie sonst vertagt hätten.

Quick & Dirty-Regel

Ich möchte Regel am wirksamsten übersetzen mit: »Noch nicht perfekt, aber schnell.« Der Spruch ist unter Informatikern sehr verbreitet. Es ist für sie oft die einzige Chance, um in der vorgeschriebenen Zeit überhaupt ein (vorläufiges) Ergebnis liefern zu können. Quick & Dirty sollte auch der erste Entwurf von Texten sein. Diese Logik schiebt an und führt schnell zu einer ersten Fassung, auf der man aufbauen kann. Selbst Perfektionisten ernten größeren Profit, zum Termin etwas Vorläufiges vorweisen zu können als mit »perfekt« leeren Händen da zu stehen.

Recycling

Sicher haben Sie sich schon damit abgefunden, dass Sie das Rad nicht neu erfinden werden. Selten kommt es vor, dass wir eine Aufgabe in ihrer Art zum aller ersten Mal lösen müssen. Bevor Sie sich abmühen, für Ihren Auftrag von Grund auf eine neue Lösung zu entwickeln, überlegen Sie, auf welche passenden Versatzstücke der Vergangenheit Sie zurückgreifen können. Ein Ordnungssystem unterstützt Sie hier, Ihre bisherigen Ideen schnell sichten zu können.

Zum Beispiel lassen sich bei Präsentationen erfolgreiche Strukturen und Layouts der Vergangenheit adaptieren. Bei Texten gibt es vielleicht schon nützliche Textbausteine, die nur noch angeglichen werden müssen.

Wenn das eigene Archiv nicht ausreicht, sollte man sich nicht scheuen, Freunde oder Kollegen um nützliches Material zu bitten.

Rückmeldung

Das Unbehagen, ob man seine Sache »richtig« macht, ist eines der zentralen Auslöser von Prokrastination. Leider ist es nur selten möglich, bereits während des Arbeitsprozesses Rückmeldung zu erhalten. Dennoch gibt es auch hier Spielraum. Wer sich zum Beispiel nicht traut, seinen Dozenten in der Sprechstunde zu fragen, ob man mit seiner Hausarbeit auf dem richtigen Weg ist, macht sich das Leben unnötig schwer.

An die Stelle des Auftraggebers können auch Freunde und Bekannte treten, die zum Beispiel Ihren Textentwurf lesen, Ihre Konzeption einschätzen oder sich in einem Gespräch mit Ihnen über Ihren Lösungsansatz austauschen.

Rückschläge

Als Anschieber braucht man einen langen Atem. Es fordert zahlreiche Anläufe, bis aus den tief verwurzelten Aufschiebe-Traditionen die neu erlernten Anschiebe-Routinen werden. Rückschläge gehören zu jedem Lernprozess dazu. Leider ergeht es da dem Anschieber nicht besser als dem Windsurfer. Misserfolge schützen uns vor Selbstüberschätzung und sie bewahren uns vor riskanten Wagnissen.

Auf halber Strecke liegen zu bleiben, ist zwar ein Rückschlag, aber keine Kapitulation. Auch wenn es sich manchmal anfühlt, als würde ein Kartenhaus zusammenbrechen; ein Rückschlag wirft uns niemals ganz an den Anfang zurück. Das Akzeptieren und Managen von Rückschlägen zählt zu den Kernkompetenzen des Anschiebers.

Für mich wäre es ein Rückschlag, an dieser Stelle erneut Goethe zu zitieren. Deshalb zitiere ich einen Goethe-Gedanken in der Zuspitzung von Mascha Kaléko: »Sie warfen nach ihm mit Steinen. Er baute aus ihnen sein Haus.«

Sanktionen

Den Gegenpol zu den Belohnungen bilden die Sanktionen. Der Gedanke an wohl dosierte Selbstbestrafungen hat den Beigeschmack von Schwarzer Pädagogik. Es fordert einen hohen Veränderungsdruck, um dieses Mittel für sich zu nutzen. Wenn Sie feststellen, dass die besten Vorsätze, sich an Zeitpläne zu halten, ins Leere laufen und Sie dennoch nichts unversucht lassen wollen, testen Sie die Wirkung von Sanktionen.

Manchmal reicht es als Sanktion schon, sich eine Belohnung zu versagen. Entweder ich schaffe mein Arbeitspensum bis heute Abend, oder ich darf als Sanktion nicht ins Kino gehen. In Kombination mit der Belohnungsstrategie schärfen überlegte Bestrafungen das Gespür, wie man sich seine Aufgabe realistisch einteilen kann.

Sport

Zum Thema Sport entwickelt jeder aufgrund seiner Biografie ein ganz persönliches Verhältnis. Wenn bei mir im Sportunterricht die Fußballmannschaften gewählt wurden, blieb ich grundsätzlich als Schlusslicht übrig. In meiner Familie war die Rolle des Sportlers schon vergeben. Einer meiner Brüder war in jungen Jahren schon Tanzweltmeister. Vielleicht entdecken auch Sie über den Umweg der Anschieberitis den Sport für sich neu.

Wie stellt man sportliche Aktivitäten in den Dienst des Anschiebens? Sport erhöht zum einen die körperliche und geistige Ausdauer. Zum andern hat eine sportliche Einheit viel mit einer Anschiebe-Einheit gemeinsam. Wenn Sie zum Beispiel mit einem Trainer den Geräte-Parcours im Fitness-Studio durchlaufen, erbringen Sie in einer festgelegten Zeit die vorgeschriebene Leistung. Der Trainer dosiert die Übungen adäquat zu Ihrem Belastungsniveau. Sie merken, wie Sie von Woche zu Woche besser werden. Der messbare Erfolg motiviert Sie, weiter zu machen.

Die Erfahrung beim Sport nehmen Sie als Modell mit in den Alltag. Sie haben erlebt, dass Sie Kondition aufbauen können, um mit mehr Ausdauer und weniger Kraftaufwand Ihre Ziele zu erreichen. Entscheidend hierbei war, dass Sie sich durch die realistische Planung (des Trainers) weder unter- noch überfordert haben.

Tabula rasa

Die Redewendung geht auf die »unbeschriebene Wachstafel« zurück. Sie stand in der Antike für die »reine Seele«. Der

Schreibtisch wird ebenfalls gern als Spiegel der Seele gedeutet. Befreien Sie Ihre Tischplatte von allem Überflüssigen, das Sie nicht für die nächste Arbeitsetappe brauchen. So lenken Sie Ihre Konzentration auf das Wesentliche.

Beim Schreiben von Texten sieht man oft den Wald vor lauter Bäumen nicht mehr. Ein Meer von Notizen überschwemmt den Tisch. Man weiß nicht, wo man anfangen soll. Auch hier hilft es, reinen Tisch zu machen. Räumen Sie alle Unterlagen weg und schreiben Sie nur aus dem Gedächtnis. Sie werden staunen, wie viel Ihnen auch ohne Ihre Aufzeichnungen einfällt. Geben Sie dem Impuls nicht zu früh nach, die Zettel wieder hervor zu ziehen. Wagen Sie das Experiment, sich erst »leer« zu schreiben. So produzieren Sie eine beachtliche Textmenge. In einem zweiten Durchgang reichern Sie den Text-Torso mit den Details aus Ihrem Papierberg an.

Technische Geräte

Der Teufel ist ein Eichhörnchen. Sie können sich darauf verlassen wie auf das Amen in der Kirche: Wenn Sie es sowieso schon eilig haben, stürzt Ihr Computer ab, streikt Ihr Drucker oder das Internet fällt aus. Dagegen gibt es zwei Strategien. Entweder, Sie werden einen Tag vor Termin fertig, dann verfügen Sie für solche Fälle noch über genügend Puffer. Oder Sie schöpfen jede Sekunde bis zur Deadline aus und legen sich für jedes Technik-Szenario einen Plan B zurecht. Das bedeutet für den Computer: Zwanghafte Datensicherung im Minutentakt. Wenn Ihr PC wirklich schlapp macht, rettet Sie nur noch eine möglichst aktuelle Sicherungskopie auf Datenstick, E-Mail-Server oder ähnlichem. Was die Havarie bei Drucker und Internet betrifft: Am besten ziehen Sie in die Nähe eines Internetcafés mit Printservice. Es sollte auch an Sonn- und Feiertagen geöffnet haben. Sowie in den späten Abendstunden.

Teufelskreis

Es soll Aufschieber geben, die sich in einem Teufelskreis gefangen fühlen. In der ersten Phase blenden sie ihr Aufschiebeverhalten vollkommen aus. Trotz aller gegenläufigen Erfahrungen, glauben sie, beim nächsten Mal eine wichtige Aufgabe realistischer einschätzen und lösen zu können. Wenn sie sich nur ein bisschen zusammenreißen würden, wäre in der Zukunft alles kein Problem.

In der zweiten Phase verläuft das Aufschiebeverhalten wie gewohnt. Die Folge: Trotz. Wut. Verzweiflung. Und das übliche Scheitern. Kaum ist der Rauch der Katastrophe verzogen, beißt sich die Katze in den Schwanz. Es folgt wieder Phase 1. Und so weiter.

Um diesen Teufelskreis verlassen zu können, muss der Leidensdruck bei manchem leider erst bis ins Unerträgliche steigen. Sollten Sie jemand kennen, bei dem Sie es nicht so weit kommen lassen möchten, unterstützen Sie ihn, sich so bald es geht professionelle Hilfe zu holen.

To-do-Liste

Die To-do-Liste verschafft Ihnen einen Überblick über die Dinge, die getan werden müssen. Im Gegensatz zum Terminplan sind die Tätigkeiten an keinen festen Zeitpunkt gebunden. Das hat den Vorteil, dass einem die To-do's zeitlos erhalten bleiben, bis sie abgearbeitet sind. Das Beste an dieser Liste ist, dass man die vollbrachten Taten durchstreichen darf. Das gibt das befriedigende Gefühl, etwas geschafft zu haben.

Eine besonders lange To-do-Liste hat das Zeug zum Status-Symbol. »Ich habe noch 157 Posten auf meiner To-do-Liste«, ist ein beliebter Rentnergruß.

Tunnelblick

Die Metapher vom Tunnelblick hat im landläufigen Sinn einen abwertenden Touch. Ähnlich wie die »Scheuklappen«, bezeichnet das Sprachbild die Unfähigkeit oder den Unwillen, Dinge wahrzunehmen, die außerhalb der eigenen Interessen liegen. Bei dieser Lesart sind die Aufschieber die Guten. Sie haben den Gipfelblick. Sie nehmen rundum alles wahr, außer den eigenen Interessen.

Zum Anschieben benötigt man aber einen Tunnelblick im positiven Sinn. Hier meint er die absolute Konzentration auf die gewählte Aufgabe, ohne nach links oder rechts zu sehen.

Bei Projekten, die sich über weite Zeiträume erstrecken, steht der »Tunnelblick« auch für das konsequente Durchziehen des Vorhabens. Nichts kann Sie aus der Tunnelperspektive aus dem Gleis werfen, so süß die Verlockungen der Welt außerhalb des »Tunnels« auch sein mögen.

Umgang mit Aufschiebern

Bei allem Verständnis für aufschiebende Menschen: Es ist für das soziale Umfeld nicht leicht, mit dieser Spezies umzugehen. Im Geschäftsleben kann ein Lieferant mit Aufschieberitis eine Kette von kostspieligen Verzögerungen nach sich ziehen. Hier hilft es, den Lieferanten offen zu konfrontieren. Erklären Sie im Detail die konkreten Nachteile, die Sie dadurch erleiden oder sogar auf Ihre Kappe nehmen müssen.

Wenn es Ihnen möglich ist, täuschen Sie eine frühere Deadline vor als eigentlich nötig. Verlangen Sie im Vorfeld schon Entwürfe oder Zwischenergebnisse. Sie helfen damit dem Aufschieber, den nötigen Realitätsdruck aufzubauen. So planen Sie die Verspätung unter der Hand mit ein. Sicher ist es verständlich, wenn Sie sich bei wiederholten Patzern von aufschiebenden Dienstleistern trennen. Nehmen Sie bitte das

Verhalten dennoch nicht persönlich. In der Regel wollte Sie niemand vorsätzlich auf die Palme bringen. Vielmehr hat Ihr Lieferant nur seine Wette gegen die Aufschieberitis verloren. Oft hängt es auch von der persönlichen Beziehung zu Ihnen ab, wie schwer oder leicht Ihrem zuliefernden Geschäftspartner das Aufschieben fällt. Sollten Sie auf die guten Leistungen des Betroffenen nicht verzichten wollen, stellen Sie eine wertschätzende Arbeitsbeziehung her.

In der Partnerschaft entstehen mitunter Co-Abhängigkeiten. Der Partner leidet einerseits verzweifelt mit an der Aufschieberitis des anderen, andererseits baut er Aggressionen gegen den Aufschieber auf. Hier rate ich ebenfalls, das Thema offen anzusprechen. Schaffen Sie sich räumlich und gedanklich getrennte Arbeitsbereiche, damit der ohnmächtig mitleidende Partner möglichst wenig in die »Schiebereien« hineingezogen wird. Das bedeutet zwar, dass der Co-Abhängige weniger Informationen über das Arbeitsleben des Partners bekommt, aber in so einem Fall ist dies das kleinere Übel.

Wette mit dem Äußeren Schweinehund

Diese Wette ist die ideale Ergänzung zur EZAT-Regel (Ein Ziel Am Tag). Vielleicht fühlten Sie sich bisher gegenüber Ihren inneren Schiebekräften ohnmächtig. Mit dem Äußeren Schweinehund lagern Sie Ihre Aufschieberitis einfach aus. Er vertritt seine Interessen des Aufschiebens und Sie vertreten Ihre Interessen des Anschiebens. Wenn Sie sich Ihr wichtigstes Tagesziel messbar definiert haben (zum Beispiel 2 Seiten Text schreiben), können Sie mit Ihrem Äußeren Schweinehund eine Wette machen: »Ich wette mit dir, dass du es nicht schaffst, mich vom Erreichen meines Ziels abzubringen.«

Sie wissen natürlich, dass der Aufschiebe-Pfiffi nichts unversucht lassen wird, damit er die Wette gewinnt. Aber Sie sind auf alle seine Tricks vorbereitet. Sie nehmen es sportlich, dass er Ihnen das Gefühl suggerieren kann, dass Sie die Aufgabe aus den besten Gründen der Welt unbedingt abbrechen müssten. Sie lächeln müde, wenn er Ihnen Zeitdiebe schickt, die Sie zutexten wollen. Selbst wenn er schamlos auf die Tränendrüse drückt, dass Sie dem Rest der Welt sofort Ihre Hilfe leisten müssen, bleiben Sie ein harter Gegner.

Ich weiß, wie schwer es ist, die Wette gegen so einen ausgebufften Köter zu gewinnen. Der kämpft nicht nur unter der Gürtellinie, sondern bedient sich auch der perfidesten Psycho-Tricks. Ich möchte hier nichts verniedlichen und habe großen Respekt vor der Macht Ihrer Aufschieberitis. Gerade deshalb würde ich Sie gern ermutigen, Ihre Kräfte auf einen Punkt zu bündeln. Auf den Punkt, an dem Sie täglich die Entscheidung treffen müssen, Ihre wichtigste Aufgabe voranzutreiben. Wenn es Ihnen gelingt, sich nicht als Opfer Ihrer Aufschieberitis zu fühlen, sondern als geduldige/r Schweinehundetrainer/in, sind Sie auf einem guten Weg. Wetten dass?

Zick-zack-Kurs

Wenn Sie die Wahl haben, Ihr Ziel im Zick-zack-Kurs zu erreichen oder auf gerader Strecke liegenzubleiben, wofür würden Sie sich entscheiden?

Auch wenn es nicht unbedingt zu unserem Selbstbild passt; manches können wir nur auf Umwegen erreichen. Statt uns dafür zu verurteilen, bringt es mehr, die originelle Routenführung als unseren persönlichen Weg zum Erfolg zu würdigen. Dann ist das eben *unser* Weg. Es haben sich schon ganz andere vorwärts geirrt.

Bei aller Anschiebekunst können wir die Bahnen der eigenen Handlungsmöglichkeiten nicht endlos ausweiten. Ich halte es da wie mit dem Wetter. Ich werde das heutige Wetter nicht ändern können, aber ich weiß, dass es bessere und schlechtere Tage gibt. Auf jeden Fall werde ich bei jedem Klima versuchen, das Beste daraus zu machen …

Ziele

Ziele sind der magnetische Punkt, an dem sich die Kompassnadel unseres Handelns ausrichtet. Je stärker wir uns mit ihnen identifizieren, desto eher werden wir die nötigen Schritte meistern, um das gewählte Ziel zu erreichen.

Die Kunst ist es, das Ziel motivierend zu definieren. Mit der SUMPF-Formel habe ich Ihnen bereits die Kriterien der demotivierenden Zielfindung vorgestellt. Das Gegenstück ist die SMART'S-Formel. Formulieren Sie Ihre Ziele

S – Spezifisch: Lässt das Ziel keinen Interpretationsspielraum?
M – Messbar: Wie kann ich messen, dass ich das Ziel vollständig oder anteilig erreicht habe?
A – Aktionsorientiert: Kann ich das Ziel durch eigenes Tun erreichen?
R – Realistisch: Ist das Ziel sowohl anspruchsvoll als auch erreichbar?
T – Terminiert: Bis wann muss das Ziel genau erreicht sein?
S – Sanktioniert: Wie sanktioniere bzw. belohne ich mich, wenn ich das Ziel (nicht) erreicht habe?

Ein Ziel ist natürlich nur so viel Wert wie das Handeln, das man daraus ableitet. Im Wechselspiel mit der Zielkontrolle kann es der Realität stets angepasst werden. Wichtig ist, dass das Ziel Ihnen dient. Und nicht umgekehrt.

Wenn Sie keinen emotionalen Bezug zu einem Ziel entwickeln können, wird es schwer sein, sich dafür zu motivieren. Die Emotion hängt oft von der Anerkennung ab, die wir uns vom Erreichen eines Ziels erhoffen.

Ein wichtiger Aspekt ist auch, welchen Einfluss wir auf die Qualität der Zieldefinition anderer nehmen können. Eine Grunderfahrung von Aufschiebern ist, regelmäßig an Projekten beteiligt zu sein, die scheitern. Dies verstärkt den Glaubenssatz: »Ob ich mich anstrenge oder nicht, in der Regel fahren die Projekte ja doch an die Wand.«

Um den Erfolg von Projektteams zu erhöhen, kommt die SMART-Regel im Projekt-Management von Firmen zum Einsatz. Je mehr Personen gemeinsam in einem Projekt arbeiten, desto komplizierter ist es, ein gemeinsames Verständnis vom Projektziel herzustellen. Von daher sind Gemeinschaftsprojekte ein Biotop für Aufschieber. Im Zweifelsfall kann der Aufschieber den Schwarzen Peter immer weiter schieben: »Also ich dachte, die anderen im Projektteam müssten erst liefern, bevor ich anfangen soll …«

Nachgeschobenes Nachwort

Am Ende bleibt die Gretchenfrage: Herr Leyhausen, wie halten Sie es mit dem Aufschieben?

Dazu verrate ich nur so viel: Während dieses Buch entstand, rüstete ich mein Auto auf Erdgas um, wechselte den Handyanbieter und fastete freiwillig mit meiner Bürogemeinschaft sechs Wochen um die Wette. Als Sportmuffel darf ich Ihnen auch nicht unterschlagen, dass ich drei Termine pro Woche mit einem Personal Trainer wahrnahm, um die Bürowette zu gewinnen.

Doch wie profitierte ich von dem Thema, bevor ich den Ratgeber schrieb?

Ich brachte hierzu ein Kabarettprogramm für Firmen heraus. Das Stück wurde in Lizenz von einem Kollegen gespielt. Die Tantiemen sicherten mir einige Zeit die Miete.

Und jetzt gestehe ich Ihnen noch, dass ich, anstelle dieses Ratgebers, eigentlich eine Doktorarbeit schreiben wollte (Arbeitstitel: *Warum geben so viele Ihre Doktorarbeit nicht ab?*).

Die spannende Materie Prokrastination gab mit den Ausschlag, eine dreijährige Ausbildung zum Systemischen Berater (SG) zu absolvieren, um heute Klienten mit Aufschieberitis coachen zu können.

Ich möchte es an dieser Stelle nicht aufschieben, den Menschen zu danken, ohne die das Buch in dieser Form nicht möglich gewesen wäre: Kathrin Schwarz, Dr. Monika Wolff, Ursula Nuber, PD Dr. Arnold Retzer, Ulrich Auer und nicht zuletzt Peter Raab vom Kreuz-Verlag.

Literatur

Allen, D.: *Wie ich die Dinge geregelt kriege: Selbstmanagement für den Alltag*, München 2007

Augustinus, A.: *Was ist Zeit? Confessiones XI / Bekenntnisse 11*, Hamburg 2009

Bernhard, T.: *Beton*, Frankfurt 1988

Bernhard, T.: *Meine Preise*, Frankfurt 2009

Brandstetter, V.: *Ziele geben Orientierung*, Interview, in: Gehirn & Geist – das Magazin für Psychologie und Hirnforschung aus dem Verlag Spektrum der Wissenschaft, Nr. 10/2009, S. 26

Cervantes, M. de: *Don Quijote: Der sinnreiche Junker Don Quijote von der Mancha*, München 1997

Ende, M.: *Momo oder Die seltsame Geschichte von den Zeit-Dieben und von dem Kind, das den Menschen die gestohlene Zeit zurückbrachte*, München 2010

Flett, G. L., Hewitt, P. L., Oliver, J. M., & MacDonald, S.: *Perfectionism in children and their parents: A developmental analysis*, in: G. L. Flett & P. L. Hewitt (Eds.): Perfectionism: Theory, research, and treatment. Washington: APA 2002

Guderian, C.: *Arbeitsblockaden erfolgreich überwinden. Schluss mit Aufschieben, Verzetteln, Verplanen*, München 2008

Herwig, U. E.: *Zeit-Diät. Zeit managen und Stress abbauen ohne Jojo-Effekt. Das 4-Wochen-Zeitmanagement-Programm fürs Büro*, München 2005

Hodapp, C.: *Freimaurer für Dummies*, Weinheim 2006

Hüsch, H. D.: *Es kommt immer was dazwischen*, München 2001

Klein, S.: *Zeit. Der Stoff aus dem das Leben ist. Eine Gebrauchsanleitung*, Frankfurt 2008

Knoblauch, J., Wöltje, H. u. a.: *Zeitmanagement*, Freiburg 2010

Köhler, P.: *Wenn ich die Wahrheit sagen sollte, müsste ich lügen. Das Anekdotenbuch*, Stuttgart 2005

Küstenmacher, T., Seiwert, L. J.: *Simplify your life. Einfacher und glücklicher leben*, München 2008

Leyhausen, M.: *15-Minuten Coach: Aufschieberitis*, (E-Book), Heidelberg/Eppelheim 2007

Leyhausen, M.: *Vom Aufschieben zum Anschieben*, in: Psychologie heute, Heft 2/2008

Mary, M.: *Die Glückslüge. Vom Glauben an die Machbarkeit des Lebens*, Bergisch Gladbach 2003

Meckel, M.: *Brief an mein Leben: Erfahrungen mit einem Burnout*, Hamburg 2010
Mühsam, E.: *Die Psychologie der Erbtante*, Rudolstadt/Berlin 2009
Passig, A., Lobo, S.: *Dinge geregelt kriegen ohne einen Funken Selbstdisziplin*, Hamburg 2010
Proust, M.: *Auf der Suche nach der verlorenen Zeit*, Frankfurt 2004
Reich-Ranicki, M.: *Mein Leben*, Stuttgart/München 2000
Retzer, A.: *Passagen – Systemische Erkundungen*, Stuttgart 2006
Rhinehart, L.: *Der Würfler*, Halle 2009
Rückert, H.-W.: *Schluss mit dem ewigen Aufschieben. Wie Sie umsetzen, was Sie sich vornehmen*, Frankfurt/New York 2006
Rückert, H.-W.: *Entdecke das Glück des Handelns: Überwinden, was das Leben blockiert*, Frankfurt/New York 2004
Schräder-Naef, R.: *Rationeller Lernen lernen: Ratschläge und Übungen für alle Wissbegierigen*, Weinheim 2003
Schwing, R., A. Fryszer: *Systemisches Handwerk. Werkzeug für die Praxis*, Göttingen 2009
Seiwert, L. J.: *Wenn du es eilig hast, gehe langsam. Das neue Zeitmanagement in einer beschleunigten Welt*, Frankfurt/New York 2003
Simon, W.: *GABALs großer Methodenkoffer. Grundlagen der Arbeitsorganisation*, Offenbach 2007
Sprenger, R. K.: *Mythos Motivation: Wege aus einer Sackgasse*, Frankfurt 2010
Störig, H. J.: *Kleine Weltgeschichte der Philosophie*, Frankfurt 2006
Zurhorst, E.-M.: *Liebe dich selbst liebst und es ist egal, wen du heiratest*, München 2009